수필 풍경이 넘실거리는 시의 영토

수평선 너머 지평선

Contents

제1부
자연에서 詩를 배운다

가을 산 풍경	12
귀뚜라미 우는 가을	16
물의 미귀환	19
여름과 겨울 사이	22
도롱뇽의 보금자리	27
등 푸른 바다	31
바다 노을 트럼펫 소리	34
산을 오르며	38
용눈이오름을 찾아서	42
농촌 풍경	46
구름 그림자	49

Contents

제2부
사랑은 인격과 본능의 경계

겨울비 54

그리움은 야생말처럼 58

그리움이 불타는 지옥 61

밤비와 술잔 64

사방팔방 실금 그릇 69

눈 내리는 오후 72

아름다운 상처 76

아픈 사랑도 그리움이 되는 것을 95

차창에 스치는 불빛 98

황금 분할 101

인연 105

Contents

제3부
사실과 진실의 차이

꽃을 따러 왔단다	110
득음得音	113
소금 꽃	117
엽전 타령	120
바다 풍경	124
사람의 사랑	127
야생고양이 눈동자	130
홍시	134
석별의 문	137
낡은 사진	140

Contents

제4부
인생은 피동과 능동의 조화

고래의 질풍노도	146
갈 길이 멀어도	153
그리운 꽃	157
낭만 안녕	161
시인과 오징어	164
방목을 위한 춤사위	169
나의 숙소	172
안개 낀 아침	176
지상에 펼쳐진 천국	180
생각하는 정원	184

Contents

제5부
문학은 언어미학의 발자취

따뜻한 손길	190
들짐승의 밤	194
바다의 블랙박스	198
바람의 끝	203
벙어리 바이올린	206
빗방울 연가	211
강가에서 듣는 노래	216
갈림길 연서	220
구도構圖	223
달빛의 침묵	227
허공으로 흐르는 강물	230
바다와 중용中庸	233

| 책머리에 |

나도 젊은 한 때는 유도선수였다. 시합하느라고 상대의 소매를 잡고 당겨보면 이미 승패의 기운이 느껴진다. 이 느낌은 자신이 가장 자기 자신을 잘 안다는 결론에 닿는다.

시 공부를 하면서 시는 시인의 손을 떠나면 전적으로 독자의 몫이라고 배웠다. 무심히 뱉은 말 한마디도 오해가 생기면 해명을 해야 하거늘 만인이 즐겨 읽는 예술작품인 시를 써 놓고도 시인이 모른다니! 무책임을 방치하려는 의도라고 반기를 들었다.

시는 다의성이 내재되어 감상에 따라 얼마든지 다를 수 있다지만 시를 직접 쓴 시인의 내면에 미칠 수 있겠는가? 그래서 나는 내 시를 옹호할 겸, 독자들에게 다의성을 도울 겸해서 스토리텔링 기법으로 해설을 곁들였다.

詩는 영혼의 노래이다. 고차원적인 정신세계를 추구하는 시는 접근이 어렵긴 하다. 시로 축시나 조시를 쓰는 것은 시를 활용한 임기응변이지 시의 본령은 아니다. 그렇다고 시인더러 조국과 민족을 위하여 앞장서야 진정한 시인이라고 추켜세우는 것도 웃기는 일이다. 그 또한 시의 영역이 아닌 거다. 하지만 시가 다방면으로 활용되어 사람 사는 곳에 요긴하게 쓰이면 금상첨화이다.

세계에서 가장 과학적이라는 글, 평생 한글로 살아온 우리들이 모국어로 쓴 시를 읽어도 무슨 의미인지 전혀 이해 못하는 경우는 난해시라는 탈을 쓴 언어유희이거나 철학을 빙자한 자아도취의 어록일 수가 많다.

사회 현상이기도 하지만 시 쓰기 보다는 문단 발전을 위하여 노력한 공이 커서 유명해지는 부류도 생겨나서 문학상을 휩쓸기도 한다. 그 공로로 등단심사나 우수도서를 발굴하는 발굴위원이 되기도 하는 것이 처세술이지만 문학 발전은 명시가 아닌 거다.

이 책은 내 시심을 함축하는 초상화로 인간 감성의 순화와 자연의 모방을 시로 표출한 내용이 태반이다. 이번에도 문예창작 강의에 도움이 되길 바라서 부지런히 썼다. 읽을 만하다고 반겨줄 독자가 많았으면 좋겠다.

2017년 초가을에

고훈식

제1부_
자연에서 詩를 배운다

가을 산 풍경

강변 반원 철로
기차 칸칸마다
반원으로 기울고
기적소리도 흠뻑
반원을 그릴 때

떠나는 그대도
부디 반원을 돌아서
원으로 돌아오기를

차창 밖에는
빨간 홍시
불타는 먼 산
청둥오리 그림자도
반원을 그린다.

산기슭을 따라 철로가 놓여있다. 이 산은 아담한 산이다. 험준하거나 벼랑이 높거나 덩치가 컸다면 터널을 뚫었겠지만 강변도 비교적 넓고 길이도 그리 길지 않아서 산을 돌아가게 철로가 놓여 있다.

기차는 엔진 하나로 쇠바퀴가 달린 칸을 여러 개 이어서 한꺼번에 이동한다. 강변이 반원이라서 철로도 반원이다. 강변 철로를 돌아가는 기차도 반원을 그리며 돌아가다 보면 칸마다 조금씩 기울기가 생기고 기차가 내뿜는 연기도 반원을 그린다. 시각 효과를 위하여 증기를 내뿜는 옛날 기차를 차용했다.

기차가 산기슭을 돌아가고 나서도 소리의 세기에 따라 기적소리가 여운으로 들리는데 소리의 파장이 반원을 그리는 형태가 눈에 보일 정도로 산기슭 풍경이 아름답게 느껴진다.

차 안보다 차 밖이 무척 밝다. 그래서 차창은 거울처럼 창밖의 풍경을 붙잡았다가 동선 따라 그림을 지운다. 비록 멀리 있지만 기차에 탄 사람은 홍시를 본다. 강 반대쪽 감나무 밭에 열려 있지만 잠시나마 달리는 기차와 나란히 서게 되었으니 홍시가 차창을 스치는 거다.

마침 노을이 펼쳐지고 있다. 물결에 비친 산 그림자엔 단풍이 울퉁불퉁 흔들리고 있지만 산엔 지금 가을 전쟁이 한창이라 폭격 맞은 도시처럼 단풍이 붉게 타고 있다.

청둥오리가 피난길을 떠나고 있는지 행렬을 이루고 바삐 날아가고 있다. 노을에 물든 청둥오리 그림자가 산에 번졌을 것이다. 강에도 떠 있을 것이다. 차창을 스치고 있을 것이다. 철로를 건너고 있을 것이다. 어둠이 내리는데도 여태 쉴 곳을 정하지 못하여 붉은 허공에서 헤엄치고 있다.

산은 둥글다. 동그랗게 나뒹굴고 싶은지 원추형이다. 산이 서 있는 모습이 반원이다. 산이 원형을 이룰 때는 강에 그림자를 드리울 때다. 수평선에 앉아 있는 섬도 주로 반원 형태로 바다에 산다. 강도 구불구불 곡선을 그린다. 곡선의 내면은 둥글다. 청둥오리 머리도 둥근 편이고, 모가지도 유선형이고, 날개는 좌우 대칭 반원을 그리며 날 수 있도록 생겼다.

홍시도 둥글다. 비가 고이지 않도록, 곤충이 오래 머물지 않도록, 바람이 쉬지 못하도록 이슬이나 서리가 쉬이 미끄러지도록 둥글다. 모든 열매가 다 둥글다. 오이도 길지만 둥근 편이고, 펑퍼짐한 호박도 둥근 편이다.

직각은 가다가 각이 끝나는 지점에서 멈추어야 할 위험이 있으므로 강줄기도 나선형을 닮았다. 지구도 달도 둥글다. 각기 회전하는 모양이다. 모난 곳이 있어 회전하다가 부딪치면 부서져 나가므로, 이미 더러 부서지다가 둥근 형태를 유지하고 있는 지도 모르겠다.

처음은 인문학적인 내용은 없었다.

단지 시각과 청각, 반원으로 남긴 여백뿐이라 못생긴 시로 태어난 거다. 그냥 삭제하려다가 아까운 생각이 들어서 기차가 멀어지는 동작을 나타낸 1연과 그 기차의 기적소리를 간직한 3연의 풍경을 떠나는 그대도 부디 반원을 돌아서 원으로 돌아오기를 바란다는 소망으로 2연을 끼워 넣었다. 청둥오리 그림자도 반원을 그리는데 설마 인들 그대도 다시 원을 그리며 돌아오고 있는 모습이 눈에 보였으면 좋으련만.

귀뚜라미 우는 가을

복숭아 솜털을 가진 노란 달빛이
가느다란 귀뚜라미 발밑에 번진다
살그머니 창밖으로 지나가는 물체가
바람소리인가. 달빛에 얼룩진 어둠인가
달 속에 귀뚜라미 그림자가 서성거린다
흥건한 이슬은 낙엽의 탄식
어쩌면 바람이 빚어낸 눈물바다
찬바람 불어 새벽에 깔리는 서릿발에도
붉게 익는 감을 바라보면
속절없이 도지는 그리움
첫눈 내릴 때까지 섬돌 밑에서
흐느끼는 귀뚜라미 소리로
가을밤은 모두 쓸쓸한 밤.

가을이 깊어지면 뺨에 닿는 추위도 무척 감각적이다. 추위의 깊이를 느끼려고 허공충계 위로 멀리 달을 보노라면 복숭아 솜털을 가진 노란 달빛이 가느다란 귀뚜라미 발에 번진다.
　귀뚜라미는 몸뚱이에 비하여 발이 너무 가늘다. 그러나 여러 개의 발이 귀뚜라미를 자연스럽게 움직이게 한다. 살그머니 창밖으로 지나가는 물체가 바람소리인가? 명상에 잠기다 보면 잘 모를 때가 있다. 지나간 순간을 더듬어 보면 바람결에 달빛이 물결처럼 올올이 풀린 채 창문을 기웃거렸다는 착각에 빠지기도 한다. 그래서 달빛에 얼룩진 어둠인지 모른다고 고개를 갸우뚱하게 비틀어 보는 거다.
　구름이 양털처럼 푹신할 때가 있고, 양털처럼 붕어비늘 무늬로 연속적으로 뻗어나간 형상을 나타낼 때가 있다. 그 줄줄이 이어진 물무늬에 달빛이 수평을 그으면 귀뚜라미 그림자가 달을 쪼아 먹으려고 서성인다.
　가을 허공이 귀뚜라미 그림자를 데리고 가서 저토록 백색 춤사위를 그리는 동안 어둑한 땅 위엔 낙엽이 야윈 어깨를 들썩이며 흐느끼고 있다. 벤치에 기댄 낙엽을 줍고 문질렀더니 냉기가 수북하다. 땅에 떨어져 아픈 후로 남 몰래 소리 죽여 울었는가, 차디찬 물기도 흥건하다. 메마를 때로 메말라서 바스라지기 직전이라서 그나마 유골이라도 되지 않으려고 벌레 먹힌 곳곳이 남루하다. 이미 눈물이 말랐으니 이 축축한 탄식은 필시 이슬이 무더기로 맺힌 물방울이다.
　만추는 낙엽의 몸부림으로 어둠마저 짙다. 억새도 그 모양이다.

색이 바래서 희다보니 달빛에 생김새가 드러나니 더욱 촌티가 난다. 부도난 공장 굴뚝처럼 서 있는 나무도 달빛에 몰골이 드러나니 처량하기 그지없다. 밤공기마저 깊다. 달빛이 저리 허허로운 것도 어쩌면 바람이 빚어낸 눈물주름 탓일 게다. 시심이 절로 굽이치려 한다.

여름과 달리 가을이 쌀쌀한 것은 태양이 그만큼 나로부터 멀어진 거다. 서러운 음악을 데리고 온 탓이다. 밤새도록 찬바람만 불어 새벽에 깔리는 서릿발마저 새삼스럽게 눈물겹다. 벌레 먹힌 낙엽처럼 누더기를 걸치고 실컷 울어나 볼까. 비록 내 설움이지만 스스로 감당하기 어려워라. 청둥오리들도 그래서 소리치며 날아가는가, 가을 밤하늘이 소란스럽다.

상실의 계절로 내달리면서도 풍요의 계절이라고 그래도 붉게 익는 감을 바라보면 떠난 연인이 문득문득 그리워서 속절없다 덧정없다 되뇌어보지만 이 가을이 가야만 새봄이 오는 걸 어이하랴. 첫눈 내릴 때까지 섬돌 밑에서 흐느끼는 귀뚜라미 소리로 가을밤은 온통 쓸쓸함이 몰려드는 것을, 뜬눈으로 밤을 밝히는 풀벌레 울음인 것을.

물의 미귀환

산골 윗길이라 아무리 찾아도
맑은 물 뿐이라서
맑으면 맑은 대로 사는 것이,
물길을 거슬러 애써 올라도
흐린 물을 벗어날 수가 없으니
흐리면 흐린 대로 사는 것이,
떼 지어 날아가던 청둥오리 떼가
물에 발을 담그고 날개 퍼덕이며
서로 껴안으며 몸을 씻는 바람에
눈 못 뜰 만큼 흙탕물이 되었어도
살아야만 하는 것이 삶이기에
덩달아 허우적거리기도 하고
다시 맑아지기를 기다리기도 한다
그러하니 물도 살아야 하기에
눈이 쏟아지고 비가 퍼부어도
다시 맑아질 때를 기다리듯
그리저리 흐르다가 고이고 산다.

'물이 너무 맑으면 고기가 살지 못한다.'라는 강의를 들었다. 논리는 가정이기에 대체적으로 반대급부가 있다. 예를 들면, '높이 날아 멀리 보라' 일견, 멋지다는 생각이지만 높이 나는 만큼 힘이 들 것이고, 멀리 보는 만큼 희미하고도 어설프게 봐야 한다. 물론 전체적인 윤곽이야 어안처럼 한 눈에 들어오겠지만. 그러니까 단정할 때는 눈치를 봐가면서 해야 하는 거다. 눈치를 봐야 한다는 이 제안도 편협할 수 있는 것이 논리의 세상일 것이다.

'꽃은 시절을 탓하지 않는다.'라는 말이 있다. 이 엄동설한에, 이 험난한 벼랑에 어떻게 꽃을 피울 것인가? 고민은 꽃이 아닌, 꽃을 기다리는 벌 나비의 염려일 수는 있으나 정작 꽃은 피어야만 꽃이기에 눈물에 젖듯이 비에 젖어도, 바람에 흔들리듯이 갈등하면서도 결국 남자의 품에 안긴 그녀처럼 피어야만 했던 거고. 피어야만 하는 거다.

그렇다면, 물고기도 물이 일급수이건, 이급수이건, 폭포수이건, 흙탕물이건, 백화현상이 창궐하는 고온수이건 지구를 뜨겁지 않게 해야 할 사명으로 더불어 살아야 한다는 당위성이 넘실거린다.

행간을 더듬어 보자. '산골 윗길이라 아무리 찾아도'는 높은 곳일수록 사물의 배치는 단순화되어 있다고 봐진다. 산꼭대기엔 주로 구름이 사니까. 물로 화한 비나 눈이 그만큼 깔끔하니까 거기서 부화한 물고기는 그렇게 적응하면서 살고 있다. 내가 들여다봐도 물고기 등지느러미 가시가 보일 만큼 투명하다. 다만 환히 보여서 그런지 맑은 물에 사는 물고기들은 크기가 나의 새끼손가락 정도다. 횟감으로 뜰 만큼 일용할 양식이 아니니까 보기만 해달라는 암시도 눈에 보인다.

'흐린 물을 벗어날 수가 없으니' 라는 행간은 능력을 발휘하여도 맑은 물에 살 수 없으니 그냥 사는 것이다.

살다보면 '눈 못 뜰 만큼 흙탕물이 되었어도' 살아야 할 때가 있다. 뜻밖의 일로 곤욕을 치를 때도 있는 것이 인생살이가 아니던가.

'살아야만 하는 것이 삶이기에' 이 대목이 이 시의 기둥이다. 물이 맑던, 흐리던, 흙탕이던 간에 물빛에, 물맛에 맞춰서 살아야 물고기인 것이다. 그래서 부지런히 유영하기도 하고 바위틈에 숨어서 물에 비친 구름그림자를 엿보기도 한다.

여기서 끝맺음하면 물의 깊이가 얕다. 제목을 '물의 미귀환'이라고 했음에 주목하시기 바란다. 흘러가는 물을 오래 보고 있으면 언젠가는 저 물이 어디론가 사라지고 말 것이라는 막연한 두려움이 생긴다. 설마 그러랴 싶어 엉뚱한 발상을 감추고 날마다 세수하고 있다. 내 눈물이, 피와 땀이, 소변 또한 물이 주신 은덕이다.

물도 지구랑 같이 살아야 강이 되고 바다가 되는 것이므로 어디 가봐야 이토록 멋진 이름 붙여주질 않을 것이고, 무수한 생명 거느린 헌신에 파랗게 멍들었다는 안쓰러움도, 때로는 파도로 폭포로 부서지느라고 흰 피를 흘리고 있다고 물의 존재에 경의를 표하는 생명들을 위하여 물은 절대 순환이다.

여름과 겨울 사이

가을은 여름과 겨울 사이에 있다
햇볕은 덜 익은 과일 익게 하고
바람은 나뭇잎 누렇게 물들이고

지난여름 애인을 잃은 가슴에
서러운 물결 타고 떠나는 낙엽
아직도 나무에 매달린 단풍들이
어서 산을 내려가서
애인을 다시 만나라고 손을 흔든다

가을은 여름과 겨울 사이에 있다
멀리 산맥으로 겹쳐진 배경 아래
석양은 허공을 적시는 황금물결

수국이 반기던 들판엔
억새꽃이 미치도록 넘실거려
얼마 남지 않은 가을의 풍요

나의 가을도 눈물겹게 넘친다
낙엽이 그리운 사람아
가을은 여름과 겨울 사이에 있다.

창공은 창공대로 숲은 숲대로 들판은 들판대로 내 마음은 내 마음대로 난리로 법석이다. 구름이 유유자적 떠 있는 창공에 찬 이슬이 무량하게 쏟아져서 그러한지 떠나는 철새와 찾아오는 철새로 밤 깊도록 떠들썩하다.

숲도 여름과 달라서 날마다 서릿발 폭격에 붉게 타다 못해 검붉은 화염에 휩싸인 모습을 나무들이 보여주고 겨울잠을 자야할 들짐승을 위하여 익은 열매도 절로 떨어지고 있다.

들판엔 억새가 형편없이 늙어서 피난길에 서성이는가 하면 무엇이 그리 서러운지 등 시린 풀벌레가 밤을 지새우면서 구슬프게 울고 있다.

결실과 상실이 공존하는 가을, 겨울과 여름사이에 있다는 거대한 자연의 이중주에 나는 잠시 카오스의 혼돈을 맛본 환지증 환자가 되어 어정쩡한 불면의 밤을 보내기도 한다. 그러나 해마다 오는 가을이긴 하지만 다시없는 가을이다. 이 가을도 덧없이 보내서는 안 되기에 개미의 땀과 베짱이의 작곡을 도와야 한다.

음유시인 최백호가 지은 '가을엔 떠나지 말아요'엔 가을에 떠나면 설움이 더하므로 차라리 하얀 겨울에 떠나자고 애절하게 발길을 붙잡는 대목이 나오는데 한숨이 절로 나온다. 이미 지난여름에 애인을 잃어버린 사람들은 나를 비롯하여 어찌 이 가을을 견딜 것인가.

라이너 마리아 릴케의 시 '가을날'이 생각난다.

주여, 때가 왔습니다

지난여름은 참으로 위대했습니다

당신의 그림자를 해시계 위에 얹으시고

들녘엔 바람을 풀어놓아주소서

마지막 과일들이 무르익도록 명해 주소서

이틀만 더 남국의 날을 베푸시어

과일들의 완성을 재촉하시고

진한 포도주에는 마지막 단맛을 스미게 하소서

지금 집이 없는 사람은 이제 집을 짓지 않습니다

지금 혼자인 사람은 그렇게 오래 남아

깨어서 책을 읽고 긴 편지를 쓸 것이며

낙엽이 흩날리는 날에는

가로수들 사이로 이리저리

불안스레 헤맬 것입니다.

아직도 햇볕은 뜨겁고 그늘에 서면 바람은 차가운 이율배반적인 감촉에 어디선가 감이 익는 냄새가 나는가 하면 낙엽이 타는 냄새가 나기도 한다. 그런 냄새, 젊은 시절에 맡았던 연인의 체취란 말인가. 산길을 걷다가 억새줄기에 말라죽은 매미의 시신을 만났다. 안쓰러워서 가까이 들여다본다. 문득 여름에 등 돌린 그녀가 아프게 생각난다.

차츰 시심이 일렁인다. 서러운 물결 타고 떠나는 낙엽이 유언처럼 속삭임을 전하고 멀어진다. 나무에 매달린 단풍들도 어서 산을 내려가서 애인을 다시 만나라고 손을 흔드는 것만 같다. 멀리 산맥으로 겹쳐진 수묵화의 배경 아래 번진 석양은 허공을 적시는 황금물결이다.

수국이 반기던 들판엔 억새꽃이 미치도록 넘실거려 얼마 남지 않은 가을의 풍요에 나도 속절없이 눈물겹다. 낙엽이 그리운 사람들은 가을이 여름과 겨울 사이에 있음을 공감하리라.

도롱뇽의 보금자리

구름 속에 둥지 튼 높은음자리는
석양에 물든 능선을 그리는 음표

삶은 아름다운 마음의 길이므로
달과 달빛 사이로 꽃은 피는가

허공에 그린 무지개가 보석이 되어
구름낙엽에도 도롱뇽이 오래 살기를

수초그늘에 뒤척이는 낮은음자리는
종유석 이슬을 마시고 별을 부른다.

서울에 가면 종로3가에 들른다. 그곳은 서울 노인들이 모이는 회상의 거리다. 노인 미스터 코리아라고 할 만큼 유명한 송해를 위한 길도 있다. 이발 요금, 해장국, 실버극장 입장료도 무지 싸다. 더하여 예술적인 분위기가 넘쳐나는 인사동이 옆에 있다.

지난봄에도 인사동에 가서 미술전시관을 둘러보았다. 거기서 '윤경숙 화가의 개인전'을 관람하였다. 윤 화가는 작품에 도롱뇽을 등장시켰다. 작품을 들여다볼수록 시가 떠오를 만큼 매료되고 말았다. 팸플릿을 그림과 대조하면서 읽었다.

이 과정은 '높은음자리와 낮은음자리를 캠퍼스에 그려 넣으면서 자연에서도 물의 소중함을 전하는 메시지로 음표마다 팔 다리가 생기면서 도롱뇽이 탄생했다.'는 거다.

서양화가들은 풍경화를 그리면서 아기 개미 한 마리도 얼씬거리지 않는 예술지상주의를 표방하는 스타일을 견지하는데 윤 화가의 작품에는 도롱뇽이 살고 있어서 무척 독특했다. 여행 중에 인상적인 기억을 담은 풍경화도 강열하고 역동적이라서 도무지 화가하고 대화를 해야만 했다.

'우주는 광대하고 생명은 섬세하다. 화가가 그린 달은 광대하고 도롱뇽은 섬세하다.'

우주와 지구의 공간을 어떻게 연결할 것인가? 그림을 보는 동안 생각이 깊어졌다. 화가 천경자는 만져보기에도 두려운 뱀을 층층이 쌓을 만큼 다양하게 창작해서 독보적인 영역을 확보했듯이 윤 화가는 젊은데도 이 정도의 내공이라면 원시림의 주인인 공룡도 얼마든지 그려낼 수 있다는 결론이 섰다.

이런 내면을 숨기고 나눈 이야기가 주로 스토리텔링을 강조하는 내용으로 흘렀는데 그림에 대하여 화가의 확고한 배경 스토리가 있으면 그 작품의 생명은 길다고 말했더니 공감했는지 반갑게 대해 주었다.

'은빛 달' 그림에 대한 이야기가 인상적이다. '가을이 하얀 입김을 내뿜자 옹알옹알 은빛 서리가 맺힌다. 하얗게 내려앉은 그리움이 시린 발자국을 남기며 아련한 몽실夢室을 찾아 나선다. 깊고 푸른 밤, 은빛 달과 도롱뇽의 노래로 푸른 11월을 풀어놓는다.'는 해설도 좋았다.

'시공간을 초월한 현실과 이상의 경계를 넘어 어디엔가 존재할 것만 같은 이상세계를 향한 꿈의 여정이 있다. 그리고, 자연과 인간이 빚어낸 진경과 낯선 도시의 이국적 풍광에 매료되어 시간마저 잃어버리고 온 현실의 여정이 있다.

자아를 대변하는 감성 도롱뇽은 이상과 현실의 두 여정을 오가며 소통과 교감의 메신저 역할을 한다. 무의식 속에 잠재된 인간의 본능적 회기와 원시적 공간에서의 느림의 미학을 꿈꾸며 세상과의 관계를 조화롭게 타협해간다. 꿈꾸듯 스치는 지나간 여행의 채색된 기억들은 겹겹이 덧발라지는 시간의 마티에르를 통해 작품의 길이와 밀도감을 더하고자 한다.

시간과 기억 속에 응고된 여행의 흔적들은 도롱뇽이 불어넣는 생명의 입김을 통해 나의 감성 공간, 작은 소우주에서 거듭 재탄생된다. 사색과 관조의 시간 여행, 도롱뇽이 바라본 세상과 꿈꾸는 세상. 지금도 내 안의 여행은 꿈과 현실의 경계를 넘어 아다지오처럼 흐른다.' 윤 화가 자신의 예술세계를 소개한 화평을 읽고 나서 시의 모티브를 찾았다.

양서류에선 개구리가 귀여운 편이다. 소년기에 즐겨들은 '말 안 듣는 청개구리' 덕분인지 몰라도 개구리는 생김새도, 움직임도 예술적이다. 평생 시를 쓰면서도 도롱뇽은 생각도 못해 봤는데 이번 참에 관심을 증폭시켰다.

'논가 돌 밑이나 물을 머금은 축축한 곳에는 도롱뇽 알과 새끼 도롱뇽을 찾을 수 있다. 깨끗한 물에서 살며 갈색으로 크기는 7~15cm까지 자란다. 토종도롱뇽은 눈이 튀어나왔고 주둥이가 둥글다. 짧은 네 개의 다리를 가지고 있고 앞 발가락은 네 개, 뒷발가락은 다섯 개다. 옆구리부터 꼬리까지 10~13개의 홈을 가지고 있다. 깨끗한 물에서 사는 도롱뇽이 자손을 번식시키는 지구 환경은 아직 살만하므로 인간은 안심해도 된다.'는 기록도 참고해서 시 '도롱뇽의 보금자리'를 쓰게 된 거다. 마음에 든 그림을 책 표지로도 허락해주었으니 나는 기쁘다.

등 푸른 바다

바다의 깊이가 다르면
넘실대는 물소리가 다르듯
마음의 깊이에 따라
눈물 흘리는 소리가 다르네
흑, 흑, 은 출렁 출렁이고
엉, 엉, 은 철석 철석이네
세월의 바다에 이르면
수평의 끝이거나 시작이므로
누가 누군지 모를 만큼 많은 사람들
어떤 사랑도 여의주처럼 귀한 사연들
그렇게 파도소리를 오래 바라보듯
석양이 꺼지는 모습을 귀담아 듣듯
그리움이 마지막까지 미칠 지경이라서
스스로 손등을 깨무는 마음이라면
서로 잊지 못한 마음이 달에 닿아서
항구를 흔드는 뱃고동 소리도
무척 가깝게 들리겠네.

바다를 오래 바라보고 있으면 바다도 온몸을 움직여서 바다 속까지 보여주려고 넘실거린다. 마냥 바다가 좋아서 에메랄드 빛 수면이거나 코발트 빛 수중이거나 바다 위로 건축물이 없으므로 해상은 광활한 공간이 펼쳐지기에 뜬 구름이나 부는 바람 또한 활달하다.

바다 풍경을 감상하는 길손은 바다를 보는 것만으로도 절로 힐링이 되지만 한과 원이 깊은 시인이 바다에서 밤을 지키는 일은 보통 일이 아니다.

10여분 지나서 사색이 감돌기 시작하면 바다의 깊이가 다르면 넘실대는 물결소리도 새롭게 귀에 닿는다. 눈물 또한 그러하다. 슬픔의 깊이에 따라 눈물 흘리는 의태어나 의성어가 다르다. 울음을 소리 죽여 참느라고 흑흑거림은 흐느낌이라서 물결 소리에 비유하면 넘칠 듯이 출렁이는 상태인 거고, 엉엉 우는 것은 울고 있음을 알리는 대성통곡이므로 파도가 철석거리면서 달려와서 부딪치고 깨어지는 모습이다.

세월의 바다는 세상을 하직한다는 암시로 수평의 끝이거나 시작이다. 누구의 사랑도 여의주처럼 귀한 사연들이기에 그렇게 파도소리를 오래 바라보듯 바닷가를 서성이는 것이고, 다시 못 올 이 세상의 일몰을 지켜보려고 석양이 사그라지는 모습을 귀담아 듣는 거다.

영영 추억으로 남을 이 바다, 바닷가 달밤에서 맺은 약속이 잊지 못할 그리움이 되었으니 스스로 미칠 지경이라서 바다더러 영원하라고 소리치고 싶다. 뜨거운 나의 절규에 호응하여 바다는 영원히

푸를 것을 믿지만 내 염력에 의하여 바다는 더욱 깊어지고 바다 속에 잠기는 내 사념의 수중 계곡엔 그대의 사파이어 목걸이가 추억을 대신하여 어둠을 밝히는 등대가 될 것이다.

그래서 시인은 바다를 바라볼 때도 바다만 바라보는 것이 아니다. 등 푸른 바다의 달빛까지도 염두에 두고 바닷바람에 옷깃을 흔드는 여인을 달빛으로나마 만나는 거다.

바다 노을 트럼펫 소리

노을 지는 바닷가에서
구성진 트럼펫 소리를 들으면
어둠에 물든 구름 속으로
붉은 말들이 끄는 마차가
서둘러 달려오는 그림이 떠오르고
누군가는 자자드는 숨결을 고르며
유언을 전하는 엄숙한 풍경이 뜬다
처음부터 다시 트럼펫 소리를
오래도록 들을 수 있으면 좋으련만
이미 수평선 위로 별들이 떠 있고
어화를 켠 배들은 물결에 흔들린다
내가 추억에 잠겨 머뭇거리는 동안
여기 잠든 노을도 천천히 저물었다
이 바닷가에 트럼펫 소리가 애잔해도
이미 날이 새고 햇살이 수평에 꽂히면
다시 갈매기가 노을을 불러와도
다만 트럼펫 소리는 오래 아름다웠다.

바닷가에 노을이 지면 구성진 트럼펫 소리가 들린다. 곡마단 공연이 있음을 알리는 연주다. 넘실거리는 바다 물결 위로 석양이 깨진 노른자처럼 수평선에 닿으면 물이 끓는 소리가 난다고 했던가. 붉은 장막이 바닷가에 둘러 쳐지고 물새들이 자맥질하는 해녀들처럼 수면 위를 넘나들면 온통 붉은 무대가 펼쳐지는데 석양이 펼치는 자연의 향연에 휩싸인 나는 붉은 구름을 바라보면서 환호하고는 그만 눈물을 질금거린다.

고향 바다 탑하동. 이토록 석양이 아름답고도 쓸쓸한 것은 바다나 석양 탓이 아니고 전부 내 탓이지만 탈이 아니고 덕분인 것을.

잠시 눈을 감아도 생생하게 떠오르는 유년의 바다. 붉은 빛이 내 얼굴을 물들이는 줄 알면서도 나는 그 시절로 사색의 발걸음을 옮긴다.

억새꽃이 핀 억덕에서 바다를 내려다보면 돌고래 떼가 첨벙이며 지나가는 그런 별천지가 제주도다.

소년기를 다른 생명체와 더불어 살았다. 초가지붕엔 참새들이, 처마엔 제비들이, 마당엔 개와 고양이, 병아리를 돌보는 어미 닭들이, 숨어 우는 맹꽁이가, 돌담 아래 핀 채송화를 슬그머니 따서 먹는 엄지 털 붉은 게가 내가 걷는 발자국 마다 환하게 보인다.

더러 찌그러졌지만 소중한 주전자를 들고 바릇잡이 하러 바닷가로 나간다. 올레를 나서는 동안 족제비가 재빠르게 가로질러 도망간다.

풀이 조금 돋아있는 둔덕만 올라도 메뚜기 떼, 나비와 말벌이 떼로 날아다니는가 하면 파도소리에 잠긴 희미한 달빛에 반딧불이가 날아다녔다. 방파제 근처에 가면 검은 바퀴벌레처럼 생긴 갯강구가 떼로 모여 다니다가 내가 보이면 사방팔방으로 흩어진다.

파도에 밀려온 돌밭에선 똥깅이라는 먹지 못하는 게들이 돌틈으로 숨어들고, 비가 오면 떼로 모여서 밥이 익는 모양처럼 거품을 물고 있던 듬북깅이들이 삽시간에 눈앞에서 사라진다. 물가가 있는 돌무더기에 가면 배도라치와 작은 물고기들이 헤엄치는데 물속이 다 보인다. 제주어로 보말이라고 하는 고동들이 이끼 돋은 돌에 달라붙어 해초를 뜯어먹고 있다. 소라도 잡고 재수가 좋으면 문어도 잡아서 주전자에 담는다.

무더운 여름도 바닷가에서 노느라고 등에 물집에 여러 번 생기도록 햇볕에 타서 피부가 허물 벗듯 벗겨져도 신명으로 피서를 즐겼다.

사춘기에서 청년이 되어서는 태우에 동승하여 자리 뜨러 다녔고, 갈치 낚으러 다녔다. 수영도 뽐낼 만큼 자신이 있어서 잠수하여 작살로 고기를 많이 쏘았다.

여기 공개하기 쑥스럽지만, 피서한다고 달밤에 동네처녀를 튜브에 태우고 단둘이 먼 바다로 나가서 시원한 바닷물에 몸을 적시기도 하였다. 이것은 에로틱한 상황이다.

이러한 바다 추억이 내재되어 있으니 노을 진 바다를 바라보는 시각이 특별할 수밖에 없다. 노을 지는 바닷가에 서면 어둠에 물든 구름 속으로 붉은 말들이 끄는 마차가 서둘러 달려오는 그림이 떠오른다는 서술은 어느 세월에 내가 70이 넘었느냐는 회한이다.

젊음을 불사르던 열정이 있었으니 노을 지는 수평선이 이제 잦아드는 숨결을 고르며 유언을 전하는 엄숙한 바다풍경이라 한들 마냥 아쉽지는 않다.

처음부터 다시 트럼펫 소리를 오래도록 들을 수 있으면 얼마나 좋으랴. 이미 수평선 위로 다시없는 공연이 끝났다는 암시로 별들이 떠 있고 어화를 켠 배들은 저마다 물결에 흔들린다. 내가 없어도 이 바닷가엔 노을이 붉은 마차처럼 달려올 것이고, 누군가가 환청으로 듣는 트럼펫 소리는 오래도록 감미로울 것이다.

산을 오르며

산을 오르다가 잠시 쉴 때
숨을 고르느라고
주변을 돌아보게 된다
고개를 들고 위를 보면
흘러가는 구름이나
활공하는 새가 보일 것이고
천천히 평지를 둘러보면
숲도 초원도 꽃도 곤충도
다른 산 능선도 보인다
여기까지 올라왔다는 노고에
산 아래 사는 겸손을 잃으면
숲도 초원도 꽃도 곤충도
산맥도 점점 눈에서 멀어진다
높이 날아서 멀리 보면
반원만큼 많이 보이지만
멀어진 만큼 희미하게 보여
원근의 밀도가 제각각이다.

이 시는 산을 올랐던 시절을 회상하면서 쓴 시다. 오르다가 잠시 쉴 때 숨을 고르느라고 주변을 돌아보게 된다는 중용의 암시나, 고개를 들고 위를 보면 흘러가는 구름이나 활공하는 새가 보일 것이라는 오만함에 비하여 아래를 내려다보면 숲도 초원도 꽃도 곤충도 다른 산 능선도 보인다는 은유를 차용하였다.

멀리서나 가까이서나 산꼭대기를 바라보면 클라이맥스climax라는 단어와 절정絶頂이라는 한자가 생각난다. 그러니까 눈비가 오거나 바람이 불면 먼저 산꼭대기를 적시고 구름도 머물다 가겠지만 남는 것은 별로 없다. 왜냐하면 계곡으로 모여들기 때문이다. 맹금류나 파충류도 산꼭대기에서 살고 있는 것처럼 보여도 산꼭대기는 다만 방향을 가늠하고 이동하는 관제탑 정도의 역할만 하는 것이지 계곡이야 말로 생명체가 모여 사는 곳이다. 산정은 오직 명예의 전당이고, 계곡은 실속의 궁전이다. 왜 산을 올라가느냐? 물었을 때, 저 유명한 대답, '산이 거기에 있으니까.'라는 대답은 물론 멋지다. 나는 한 수저 더 뜨고 싶다. '산 너머 산이 있으니까 오른다.'

산꼭대기에 분화구는 있어도 동굴은 없다. 정상은 공제선이기 때문이다. 그래서 산이 상징하는 바는 따로 있다. 하늘과 맞장 뜨듯 맞닿아 있다는 것이다. 꼭, 무슨 일을 저지를 것만 같아 볼수록 신기하다.

어떻게 사느냐에 따라서 삶의 관점이 다르다는 착안에 문득 아버지가 생각났다.

구십이 된 아버지가 칠십이 된 나의 지병을 걱정하신다.

구십이 되도록 건강을 잘 간직하시고는 유도 고단자로, 서예가로, 접골사로 한 시대를 풍미하고 오늘도 홀로 지내시지만 자주 가부좌를 틀고 명상에 드신다. 치매가 없고, 대소변을 스스로 가릴 수 있어서 독거를 자청하고는 자주 나를 불러서 맛있는 식사를 사먹는 만남을 즐기는 아버지. 아버지와 나의 역할을 역지사지로 생각하면 우리 아버지는 이제서야 효자이시다. 아버지더러 효자라고 하는 깨달음은 무슨 뜻인가?

후손은 그 가문의 조상이다. 그러므로 가업이 번성하도록 자식이 부모보다 경제적으로도 잘 살아야 하고 후손도 번창해야 한다. 나의 착안이지만 한자 늙을 '老'는 이미 땅속에 절반이나 박힌 비수 형상을 하고 있다. 생로병사의 운명을 거스를 수 없으니 날마다 자결하라는 의미인 칼 '匕'는 비수인 것이다. 그래서 따라 나온 글자가 효도 '孝'자다. 늙은이는 먼 길을 날아서 갈 때 짚고 다니던 지팡이는 문 앞에 세워두고 간다는 속담이 있듯이 불효막심하지 말라고 자식도 절반은 땅에 들어가 있음을 적나라하게 보여주는 상형문자가 바로 '孝'다.

아버지는 중장년 시절, 유도 후학을 양성하고 서예가로 접골사로 명성이 자자했는데 얼마나 당당하고 도도한지 큰아들로서 늘 불안했다. 대체적으로 장남은 아버지를 비판하면서 성장하고, 차남은 이용하면서 성장한다는 말이 있다. 그래도 아버지 접골원에서 종사

원으로 일을 하면서 열심히 살았다. 그 기간이 시를 쓰기 힘든 시절이었으나 가장 성실하게 살았던 시기다.

 불호령이 많은 아버지로부터 배운 것이 겸손이다. 오만하다 보면 굽신거리는 권모술수에 이용당하는 경우가 많아서 조심하게 살았지만 인생은 꼭이 아니었다.

 산에 가보면 못생긴 나무가 산을 지키고 있다. 나도 인위적으로 못 생긴 나무가 되었지만 어수룩해서 병까지 얻었으니 땔나무가 될 처지가 얼마나 남았는지 전운이 감도는 하늘 아래엔 '악惡도 일단 一端을 긍정한다.'는 시심만 늠름하게 창궐한다.

용눈이오름을 찾아서

용눈이오름은 만날 때마다 신선하다
몸매가 타원형 곡선을 지닌 여인인가
파충류 형상으로 비스듬히 누웠는데
굼부리 둘레에 새 봉우리가 솟아있어
여러 가닥의 등성이로 형성된 원형의 분화구와
동쪽 경사로 얕게 벌어진 말굽형 화구가 있다
뻗어나간 산세가 아기자기하여 어미굼부리가
새끼굼부리 새 마리를 품고 있는 형상이다
남서사면으로 용암이 흘러내린 곳엔
숨 쉬는 새알 같은 알오름이 딸려있는데
주발뚜껑처럼 오목하게 패인 모양이라 곱다
용눈이오름에 봄이 오면
미나리아재비도 할미꽃도 앞 다투어 피고
등성이 평지엔 짙어가는 연초록 풀밭이
마소를 부르고 산담의 고요를 달랜다
용눈이오름에 여름이 오면
촌년 같은 억새도 한껏 자라 능선을 흔들고
방목한 마소들은 분화구에서 땀을 식힌다

용눈이오름에 가을이 오면
여기서 나고 자란 토종 한라꽃향유는
보랏빛 향기로 벌 나비를 자주 부르고
부지런한 제주도 여자들도 나들이 와서
튀김거리로 꽃향유 어린순과 잎을 뜯는다
용눈이오름에 겨울이 오면
까마귀 이마에 싸래기 눈이 부딪치는 동안
벌거숭이 산세만 남은 눈밭을 바라보며
소라 형 등성이를 오르내리다보면
꿈속을 거니는 듯 미궁으로 빠져들면서도
비로소 똬리를 길게 튼 지형임을 알게 되어
겨울바람이 부서지는 능선의 기복이나
눈보라 휘날리는 분화구도 제주도 힘인 것을.

'용눈이오름'은 〈표고 : 247.8m 비고 : 88m 둘레 : 2,685m 면적 : 404,264㎡ 저경 : 773m〉으로 제주시 동쪽 산간마을, 송당에서 성산읍 수산으로 가는 16번 도로로 약 3km 지점의 두 갈래 길에 손자봉과 이웃해 있는 오름이다.

산정상부는 북동쪽을 중심으로 세 봉우리를 이루고, 그 안에 동, 서쪽으로 다소 트여있는 타원형의 분화구가 있으며, 전체적으로 산체는 동서쪽으로 얕게 벌어진 말굽 형태 화구를 이루고 있다.

서사면 기슭에는 정상부가 주발모양으로 오목하게 패어있는 아담한 기생화산과 원추형 기생화산인 알 오름이 2개가 딸려 있어, 여러 종류의 화구로 이루어진 복합형 화산체라고 할 수 있다.

오름 기슭자락에는 따라비오름이나 둔지봉, 서검은오름의 주변과 같이 용암 설류(volcanic debric flow)의 언덕이 산재해 있는데, 이는 화산체가 형성된 뒤 용암류熔岩流의 유출에 의해 산정의 화구륜火口輪 일부가 파괴되면서 용암류와 함께 흘러내린 토사가 이동, 퇴적된 것으로 알 오름이나 언덕 같은 형태를 이룬 것으로 추정, 이 오름은 비교적 가까운 시기에 분출된 용암으로 판단되고 있다.

'기생화산'이라는 용어는 원론적으로 한라산 순상 화산체의 화산산록상에서 화산분화활동에 의해 만들어진 소화산체이이다.

오름의 경사면은 잔디와 함께 풀밭을 이루는 아름답고 전형적인 제주 오름의 모습이며, 지피 식물로서 미나리아재비, 할미꽃 등이 식생하고 있다. 특히 '꽃향유(Elsholtzia splendens)'가 자생한다.

식물분류학자 이영노 박사는 구좌읍 용눈이오름에 분포한 '꽃향유'는 신종이라서 '한라꽃향유(가칭 · Elsholtzia hallasnen)'로 명명할 예정이라고 한다.

  용눈이오름 능선에서 바라보는 제주 풍경은 그야말로 몽유도원을 거니는 느낌이다. 제주를 찾는 길손에게 자랑하고 싶어서 시로 남긴다.

농촌 풍경

아늑한 경치는 원경과 근경 사이로 흐른다
살아 있다는, 살고 있다는 따사로운 마음의 풍경
새가 줄지어 날아드는 것으로 보아 살기 좋은 곳
감동을 부르는 경치란 명화를 감상하듯
나를 새로 핀 꽃처럼 그윽하게 바라보는 것도
정다운 풍경이나 같으니 땀 냄새를 기억하자
햇살 눈부신 낮에 모를 심는다고
써레질로 논바닥 긁고 굽은 등에 땀이 맺혀도
뿌듯하게 막걸리 한 잔 마시고 편히 쉬라고
노란 해를 씻어내는 동안 노을이 붉게 익어
먼 산 먼저 어둠에 잠이 드는 줄 알았으니
동이 트려면 앞산 먼저 밝아옴도 알아
오늘도 들풀은 들풀대로
곡식은 곡식대로 익어 맥박이 뛰는 세월
백로 한 쌍도 입도조가 남긴 문서처럼
세월에 여울지면서 숲을 지키고 사느라고
강가에 둥지를 틀고 대를 이어 살고 있나니.

나는 바닷가 태생으로 파도소리를 자장가 삼아 컸으니 산이나 들에 대해서는 젬병이다. 물고기에 대서는 습성이나 맛을 제법 알아도 들꽃이나 나무에 대해서는 거의 모른다고 해도 과언이 아니다. 바닷가에서 밤을 새우면 피로도가 육지에 비해 심하게 생기는 거나, 배를 타고 오징어를 낚으면서 마시는 술은 많이 마셔도 그다지 취하지 않는 느낌도 안다.

무인도나, 오지에서 자연인으로 살고 싶은 마음도 있어서 어느 골짜기가 있는 산자락에서 여생을 보냈으면 좋겠다는 소망을 담아서 농촌 풍경을 그려보았다.

오래 되었지만 문득 떠오르는 일로 한라산에 케이블카를 설치하자는 찬성과 민족의 영산을 오염시켜서는 안 된다는 반대로 도에선 지지부진하고 있었다.

케이블카 설치에 대하여 어떻게 생각하는지 나도 소수의 의견이 있었는데 찬성도 반대도 하지 않는다는 입장이었다. 이유로는, 케이블카 설치가 철주를 박는 공사가 자연을 훼손하는 주된 요인이긴 하지만 철주를 철거하면 100년 내외로 자연이 복구된다는 용역을 믿었던 거다. 생태 지점을 폭파해서 지형의 변화가 생기면 문제가 크지만 케이블카는 타 지역에서도 긍정적이라서 수긍했다.

반면에 설치를 반대한 이유로는 한라산이 달랑 하나 뿐이므로 어느 지점까지 올라가서 조망해 본들, 뿌옇게 보이는 수평선과 부속 섬들뿐이라서 케이블카에서 바라보는 풍광이 지루할 수도 있다는 제안을 드렸다. 산이 거기에 있으니까 산에 오른다는 명언처럼 산 위에 산이 있으니까 다시 산을 오른다는 나의 시심은 군대생활을 강원도 오지에서 한 덕분으로 구한 체험이다. 산맥으로 이어진 앞산과 뒷산의 풍광은 단풍이나 적설부터가 서로 확연히 달라서 산 너머 산을 구경하는 재미가 쏠쏠하였다. 결국은 태풍과 케이블카 관리 용역 때문인지 없던 일이 되었다.

풀밭에 앉아서 책을 읽으면 좋을 것 같지만 천만의 말씀이다. 독한 벌레에게 물리면 심한 오열로 고생해야 하고 피부병이라도 생기면 낭패가 아닐 수 없다. 햇살 눈부신 낮에 모를 심는다고 써레질로 논바닥 긁고 굽은 등에 땀이 맺혀 뿌듯하니 막걸리 한 잔 하고 나무 그늘 아래서 잠시 쉰다한들 힘든 건 사실일 것이다. 농사, 아무나 못 짓는다.

나는 논에 모를 한 번도 심어본 적이 없다. 소에게 여물을 먹여보지도 못했고, 거머리에게 종아리를 물려본 적도 없다. 군 복무하는 동안 대민지원 사업에 나갔지만 강원도 산골마을에선 주로 옥수수만 심는 바람에 배가 알록달록한 개구리를 많이 잡았던 기억이 새롭다.

노란 해를 씻어내는 동안 노을이 붉게 익어 먼 산 먼저 어둠에 잠이 드는 줄 알았으니 동이 트려면 앞산이 먼저 밝아옴도 알아 저기 백로 한 쌍은 어떻게 살고있는지 묻고 싶다. 사실 제주도에서는 백로를 찾아보기 어렵다.

구름 그림자

연두초록 녹음 짙어
잠깐 졸았더니
내 마음 허공 벽에
분홍 꽃이 어리어
눈을 비비고
가만히 손을 내밀었더니
노란나비로 변하여
멀어지는 바람결에
빈 그네만
꽃향기를 휘젓고 흔들리는데.

연두초록 녹음이나 분홍 꽃, 노란 나비와 흰 구름은 형형색색을 나타내려는 의도다. 잠깐 졸았다는 것은 이 세상에 와서 저 세상으로 가는 길목에서 서성거렸다는 표현인데 내 마음 허공 벽이라는 공간 설정은 색즉시공을 나타내는 의미망이다.

나 이외의 사물을 만난다는 의미는 인과 연이 삶의 형태로 이어지다가 자신조차도 누구인지 모르는 지경에 이르게 되어서야 분홍 꽃으로 설정한 그대를 탐하던 내가 미물인 노란나비로 변하고 빈 그네만 꽃향기를 휘젓고 흔들린다는 거다.

장자莊子 자신이 꿈에서 나비가 된 것인지, 아니면 나비가 꿈에서 자기가 되어 있는 것인지, 어느 쪽이라고 말할 수 없다. 한마디로 변화하는 세상에서 모든 것은 일시적인 것이기에 있고 없음의 구별은 색즉시공이라 호접지몽胡蝶之夢이라는 우화를 낳았다.

'평소에는 인간인 내가 꿈속에서는 분명히 나비였다. 사람인 내가 나비의 꿈을 꾸었는가, 아니면 내가 나비인데 사람이라고 꿈을 꾸고 있는가? 그렇다면 나는 정말 인간인가, 나비인가? 도대체 알 수가 없으니 이게 꿈인가, 생시인가?'

어쩌면 현실이 바로 꿈일지도 모른다는 가정에서 잠시 왔다 가는 인생이라 모든 일이 꿈보다 더 허망하게 사라지고 만다는 메시지로 나는 남의 아픔을 모르고, 남 또한 나의 아픔을 모른다는, 아니다. 대신할 수 없다는 인간 존재에 대한 사유가 나비가 된 내가 즐긴 몰아의 경지가 진실인지, 잠에서 깨어나 보니 분명 꿈을 꾼 것임을 알

앉을 때가 진실인지 단정 짓기 어렵다는 거다.

　이렇게 현실과 꿈이 분별되지 않는 상태가 반야심경에서 말하는 공즉시색이다. 다시 말하자면 유한한 존재인 인간이 무한한 우주를 알고자 하는 것은 불가능하므로 사색의 범주를 내면에 두어 물아일체物我一體를 구하는 방법도 비몽사몽非夢似夢 속에서 불성佛性인 본성本性으로 진아眞我를 찾는 구도의 길이라고 했다.

　사족이지만 생멸生滅은 인간의 범주가 아니다. 물 한 방울에도 구억 마리의 생명체가 산다는 일적수구억충一滴水九億蟲이라는 부처님 말씀이 있다. 거대한 만물이 어떻게 축약되어 있는지를 깨닫게 하는 경지이고, 상주불멸常主不滅이라는 말씀은 우리가 경험하고 있는 지구에서 보는 일월日月은 단지 우주에서 떠도는 무수한 별 중에 하나일 뿐, 인간의 뇌세포가 분열을 하듯 거듭제곱으로 복제되는 세계라는 거다. 이미 17세기에 독일의 철학자이며 물리학자인 라이프니츠(1646~1716)의 '프랙탈 우주론'은 복제되는 세계가 빅뱅도 일으킨다는 우주의 현상임을 입증하는 이론도 있다.

　아무튼 깨달아서 경經을 남기든, 깨우치고 싶어서 관념시를 쓰든, 알고자 하는 욕망 때문에 고통과 번뇌가 생기는 것인지, 그래도 세상에 나왔으니 우주 만물의 현상에 대하여 어느 정도는 마음공부를 하는 것도 망상을 다스리기 위한 인간자존의 본성인가 하는 결론에 이르긴 한다.

제2부_
사랑은 인격과 본능의 경계

겨울비

겨울비가 오는데 그대 소식 없고
초저녁에 올까 마음 조아렸는데
밤늦도록 비만 구슬피 내려
가로등 얼굴마다 비에 젖네
창가에 기대어 하모니카를 불어본다
흑백 영화처럼 비가 내리는데
집엔 나 혼자만 있게 되어서
화투 패를 뽑았더니 비광이다
밤은 무심하게 깊어 가는데
그대는 밤 깊도록 전혀 안 오고
밥도 먹다가 식어서 남겼는데
겨울비만 발자국 소리를 남기네.

사랑은 나의 천국, 사랑은 나의 지옥…, 빛과 그림자라는 유행가를 불러본다. 사랑하는 내 마음은 빛과 그리고 그림자라고. 그도 그럴 것이 묘령의 여인이 나를 사랑한다고 키스해도 좋다고 하기에 아무도 안 보는 틈을 타서 얼른 입맞춤을 했다. 묘령의 여인이라고 했지만 내가 아는 사람들 중에는 누구라고 하면 눈이 커지면서 뒤로 넘어질 만큼 충격을 받을 것이기에 차마 밝힐 수는 없고, 예쁘냐고 물어본다면 내 마음에 흠씬 들만큼 개성적이라서 자랑하고 싶다. 더하며 몸매가 고전무용으로 다져져서 늘씬하기까지 하다.

그런데 문제는, 그저께까지는 이상 징후가 없었다. 웃음소리를 주고받으면서 반갑게 대화를 나누었고, 내일 또 통화하자고 하고선 여태 불통이다. 마음이 약간 쓰리기 시작했다. 하모니카를 불면서 눈은 핸드폰에 고정시켰지만 핸드폰은 죽은 풍뎅이처럼 꿈적도 않는다.

이러다가 생병 나는 것 아냐! 그냥 없었던 일로 잊어버리자. 어쩌면 내가 전화하고 싶은 만큼 받고 싶지 않을 수도 있는 거니까. 그렇지만 나와의 정황을 역순으로 따져보아도 안 받을 이유는 없다는 결론이 서자마자 마음은 더 조급해진다.

어느새 오후, 사무실을 나와서 식당에 가려다가 입맛이 없어 포기했다. 그래도 점심은 먹어야 하므로 빵집에 들러 식빵을 사고 마트에 가서 우유를 사고는 사무실에서 식빵을 찢어먹었으나 질긴 스펀지를 씹는 것 같아서 우유만 한 잔 들이켰다.

혹시, 전화 온 줄 모르는 것은 아닐까? 한 번 더 해볼까? 그런데 자존심이 말이 아니다.

답답해서 집에 왔다. 오늘 따라 겨울비가 추적추적 내린다. 이별의 전주곡일까? 비 그치면 추위가 몰려올 것이다. 화투로 점괘를 봤다. 비광이다.

화투 비광 그림의 검은 것은 버들가지이고 가운데 파란 것은 냇물이며 노란 것은 개구리다. 우산을 들고 서 있는 사람은 일본의 유명한 학자이자 서예가인 '오노노 미치카제(小野道風 / 894-966)'이다. 당대의 최고의 서예가로 명성을 날렸고, 현재까지도 현존하는 일본 서체인 '와타이(和體) 이칭으로 와지마(和樣)'의 발전에 크게 기여한 인물이다. 국서기록, 사찰법문, 당대 학자의 명문장, 국보로 전해오는 병풍 글씨를 남기고 향년 73세로 세상을 떠났다. 그가 일본 서도의 일인자로 추앙받을 때까지 무한한 내공을 쌓았다.

그를 추모하는 일화가 비광에 숨어있다.

궁에 처음 입궐하여 서도의 기틀을 잡으려고 해도 도무지 솜씨가 나타나지 않아서 마음을 추수를 겸 우산을 쓰고 밖으로 나왔다. 장마로 불어난 냇물에 떠내려가지 않으려고 길가로 나온 개구리를 발견한다. 무심코 들여다보니 불어난 물에 쓸려가지 않으려고 늘어진 버들가지를 향해 온 힘을 다해 뛰어오르기를 반복하고 있었다. 하지만, 가지가 높고 미끄러워서 아무리 애를 써도 올라가질 못했다.

미치카제는 측은지심이 생겼다.

'헛고생 하지 말고 풀덤불 속으로 들어가면 좋을 것을….'

마침 강풍이 불면서 버드나무 가지가 냇가로 휘어졌고, 개구리는 버들가지를 붙들고 위쪽으로 올라가서 버들잎으로 몸을 가리고 비 피하기를 하였다.

미치카제는 크게 깨달았다. 이 일화는 포기하지 않고 끝까지 노력하면 행운幸運도 따른다는 깊은 뜻이 담겨 있다.

그리움은 야생말처럼

문득, 당신이 내 곁에서 멀어졌지요
무슨 잘못을 했냐고 묻고 싶었지만
애써 참은 이유는 서로 잘못이 없어도
내 곁을 떠나야만 하는 당신이기에
충분히 이해하기로 마음을 먹었지요
점점 길 잃은 길손처럼 떠도는 동안
마음 깊이 상처를 입을 수도 있었지요
오늘까지 전해주는 침묵은
우두커니 서 있는 가로등처럼 낯설지만
희망인 것은 텅 빈 곳을 밝혀주니까요
시인답게 부지런히 밤하늘을 지켰지요
날이 새면 서둘러 산을 찾아 다녔지요
새소리를 글로 옮겨 적고
꽃들을 눈 여겨 보았지요
마냥 세월이 흐르면 이 설움도
눈물 속에 잠든 도시가 된다고
그대 없는 거리를 떠돌았지요 길손처럼
지금도 그대의 침묵을 가끔 듣고 있지요
사랑할 수 없지만 사랑했노라고 웃으며.

그대를 생각하면 나는 잠을 못 이룬다. 되도록 그대 생각을 하지 않기로 작정한 후로 비교적 잠을 잘 자는 편이다. 그러나 안타까운 사실이라는 생각이 들면 한동안 멍하게 창밖을 내다보기도 한다. 창밖이라고 해봐야 가로등이 그냥 서 있는 그저 그런 풍경일 뿐, 나의 목마름에 도움이 되질 않는다. 가끔이지만 목마름이 현실이다.

이런 말도 쉬이 할 수가 없다. 그대 또한 나만큼이나 잠 못 이룰 소양을 다분히 가지고 있기 때문에 말을 아껴야 한다. 용의주도하게 차츰 그대를 멀리 했다. 그대를 지능적으로 멀리 떠나보낸 것이다. 내가 스스로 멀어졌으므로 나의 현명함을 바보처럼 없애버리고 만 것이다.

내가 바라는 것을 그대는 가지고 있다. 둘이서 무슨 일이라도 하면 잘 될 것을 안다. 그렇게 할 수 없는 것이 문제이다. 잘못되리라는 예상으로 멀어지기도 어려운데 잘 될 일을 일부러 멀어지기는 더욱 어렵다는 경험을 구했다. 그나마 다행인 것은 그대가 내 비정함을 갈파하고 있음이 위안이다. 만나면 웃긴 하지만 그게 어디 그대의 전부이겠는가? 눈을 슬쩍 엿본다. 참으로 내 마음에 들게 생긴 눈길이다. 코도 귀엽게 생겼다. 입 또한 꽃잎처럼 예쁘다. 귀도 야무지게 생겼다. 손도 무척 마음에 든다. 반했어도 아득한 그리움보다는, 안타까운 작별이 그대를 위한 행복이기에 들려주고 싶어도 못다할 말, 글로 고백했으나 글 또한 전할 수 없기에 혼자 쓰고 혼자 읽고는 슬며시 지워야 하는 것을.

창밖으로 겨울비가 아프게 내린다. 그대를 잊으려고 팝송을 듣고 있으나 온통 그대 생각으로 밤이 깊어간다. 평온을 위하여 나는 졸음을 구해야 한다. 뜬눈으로 밤을 지새우면 안 되기에 졸음이 오도록 벙어리 바이올린처럼 조용히 잠을 청해야 한다. 그대를 기어이 떠나보냈으니 나는 자유롭고 한가하다. 식은 커피 한 모금을 입속에 오래 머금고 있어도 나는 너그럽다.

먼 훗날 아니, 그 후로 오랫동안 후회가 밀려와서 쩔쩔 맬 것이다. 이미 내 표정을 읽고 있는 그대도 쓸쓸할 것이다. 못 잊을 줄 알았으니 그나마 다행인가? 마음 갈피마다 그대는 내 안에 살고 있으므로 단풍이 물든 나무 뒤에서 웃음을 나눈 적도 있었으니까 그리움은 환상만이 아니다.

이제 독백도 위안이 되는가? 내 것이 아닌 것들로 이루어진 세상, 내 것은 오직 내 마음 뿐, 어쩌면 내 마음조차도 마음대로 해서는 자학이 되기에 스스로 달래고 침묵하는 나는 참 착한 시인이다. 시가 이 쓸쓸함을 달래고도 풍성하게 남았으니까.

그래도 미련은 끝이 없네. 이 어리석은 아쉬움 어떻게 달랠까? 내가 저지른 편견이 옳은 일이라는 판단이 설 때까지 새벽의 끝을 붙잡고 시상을 더듬을 수밖에. 모진 사연이 밤비에 젖어도 새봄은 다시 와서 산골짜기마다 들꽃이 필 것이다.

그리움이 불타는 지옥

잊혀질듯 이토록 오랜 이별입니다
그대가 진실로 사랑해 주었으므로
천국의 문을 흠씬 나들었던 나는
신명이 넘치도록 행복하였습니다

그대가 나를 버리고 돌아섰을 때
나는 큰 잘못을 저지른 아이처럼
두 손으로 얼굴 감싸고 주저앉아
눈물을 감추려고 애써 웃었습니다

그대가 다시없이 만나주지 않아도
끝없이 사랑하는 법을 배웠습니다
그리움과 외로움이 지옥이라 한들
영영 천국을 알게 해준 지옥입니다.

잊혀질듯 이토록 오랜 이별입니다. 그대를 잊어야 함은 그리움이 불타는 지옥입니다. 그대가 진실로 사랑해 주었으므로 천국의 문을 흠씬 드나들던 나는 신명이 넘치도록 행복하였습니다. 억새꽃이 날리는 들판에 오래 서 있어도 시가 떠오르는 것처럼 그대가 나를 사랑하는 동안은 달빛마저 찬란하게 빛났습니다. 원하면 언제든지 달려와서 품에 안겨주었습니다. 맛있는 밥도 잘 먹는지 지켜봐 주었고, 내가 창밖을 보고 있어도 콧노래를 웅얼거리면서 설거지를 하기에 덩달아 마음이 풍요로웠습니다.

　시집을 내라고 부추기면서 아낌없이 적금을 깨고 돈을 주어서 시집을 내었는데 뜻밖에 평판이 좋아서 조금 유명해졌습니다.

　손재주가 많은 여인이라서 나는 그냥 옆에 있기만 해도 사는데 어려움이 없었습니다. 그래서 단둘이 여행을 많이 다녔고, 영화구경을 많이 했고, 노래방에서 노래도 많이 불렀고, 콜라텍에서 춤도 신나게 추었습니다. 한마디로, 이 추억들은 남들이 현재 실행하고 있는 사랑놀이입니다.

　그런데 나는 세월을 낭비한 죄에 쾌락에 빠진 괘씸죄를 받아서 중병에 걸리고 말았습니다.

　좋을 때만 있을 것이라는 막연한 방탕이 사랑은 힘이 아니고 짐이 되었을 때 난관을 타개할 수단으로 그녀는 나를 버리고 힘차게 돌아섰습니다. 처음은 세상이 허무하여 큰 잘못을 저지른 아이처럼 두 손으로 얼굴 감싸고 주저앉아 대성통곡도 해 보았습니다만, 스스로 짊어진 짐에 안타까이 지켜보는 사랑의 슬픔이 더 무겁고 아파서 부디 떠났으니 잘 살라고 아무렇지도 않은 듯 항상 웃었습니다.

몸은 비록 하루가 다르게 야위고 있어도 정신은 더욱 초롱초롱하여 숲 속에서 바라보는 하늘처럼 맑아졌습니다. 몰골을 보이기 싫어서 병실을 옮겼지만 병실 환기통에서 그녀의 자유분방한 웃음소리가 들릴 만큼 혼자 있는 시간도 아늑하였습니다.

링거 맞을 때만, 주사 맞을 때만, 약기운이 빠져나가는 동안만 참고 있으면 다시 영혼이 맑아지곤 해서 손 가까이 놓아둔 노트에 시를 옮겨 적곤 했습니다.

부디 삼년만 귀한 시간을 주시길 간절히 바라면서 식은땀을 닦고 깔끔한 환자복을 갈아입었습니다. 보고 싶어도 보고 싶어 해선 안 된다는 결론에 이르도록 원망할 기운이 없으니 그대가 다시없이 만나주지 않아도 끝없이 사랑하는 법을 배웠습니다. 고통을 함께 나누지 못하면 버리고 떠나도 사랑은 배신이 아니라고. 얼마나 많은 날을 그리움으로 수채화를 그리다가도 미움이 몰려오면 먹먹한 마음으로 옆에 누워있는 환자의 뒤척임을 들으면서도 밤중에 혼자 깨어서 두리번거리는 동안도 병실은 아득한 이 세상의 풍경입니다.

지금 나는 천만다행으로 지팡이를 짚고 귀가하고 있습니다. 눈은 원시시대 그대로 하얀 실루엣을 그리며 내립니다.

사랑은 그리움을 배워주고 외로움을 앓게 하는 지옥이라 한들 영영 천국을 기억하게 하는 뜨거운 지옥입니다.

밤비와 술잔

잠이 멀리 달아난 밤
밤도 어둠으로 겹겹이 쌓이는지
그리움 갈피갈피 갈증이 밀려온다
보고 싶다는 말은
보고 싶어서 고달프다는 말이다
밤비가 쏟아지는 것은
술처럼 그리움으로 출렁이다가
목마른 대지를 해갈하는 거다
착할 수밖에 달리 미운 짓 할 수 없어
미운 짓 하고 싶어 술잔과 마주 앉은 이 밤
하늘도 젖고 싶어 비가 쏟아지는 밤
밤에게도 어둠의 지층이 따로 있는지
오이를 한 입 깨물고 거울을 훔쳐보곤
비에 젖는 가로등 풍경이 되는 거다
고달프다는 말은
요모조모 따져도 무척 그리운 말이기에

서성이는 잠을 밀쳐두긴 하지만
다시 올 새벽이 다시없는 새벽이기에
빈 잔에 다시 술을 채우듯이 밤을 지켜야 한다
밤비가 그칠 때까지 어둠을 달래야 한다.

천장을 바라보며 반듯하게 누우니까 잠이 안 오는 걸까? 양쪽 귀가 열려 있어서 더 그러는 걸까? 옆으로 누워볼까? 비록 등 오그린 새우 같은 모습이라 고단한 노동자 등이겠지만 그런대로 잠을 청할 수 있을 것인가?

몽롱한 상태, 몽롱하다는 말은 현실은 꿈과 같은데 의식이 더 영롱하다는 말인가. 그러기에 졸음 사이로 스며드는 달그림자처럼 하고 싶은 말들이 시가 되어 눈가에 어른거리는가. 아예 이불을 얼굴까지 덮고 잠을 청해 볼까?

이럴 때 그녀를 생각하거나, 생각나서도 안 된다. 어쩌면 곰곰이 생각하다가 벌떡 일어나서 앞으로 해일처럼 밀려올 사랑의 밀어를 위한 공간을 확보해 두어야 한다는 숙명을 들먹이게 될 망상에 이르면 잠은 이미 물건너 가고 만다.

지금은 깊은 밤, 비록 지명수배를 받은 신세라고 가정한들, 잠복 형사들도 빵과 우유로 때늦은 저녁으로 땜질하고 새벽에 덮치려고 잠깐 눈을 붙이는 그런 밤중이기에 잡으러 올 때까지는 슬며시 졸아도 되건만.

젊은 시절은 자서는 안 되는 상황일 때도 절로 눈을 감기게 하여 사람 곤욕스럽게 하더니만 이제 노쇠하지 않으려고 애써 잠을 청하는데도 밤 깊도록 무한 불면세계라니, 벌써 요절했어야 유명해 질수도 있었겠지만 이미 늦었고, 낮에 할 일로 걱정이 태산이다. 태산을 이룰 인물이라 한들 태산을 이룰 걱정을 하면 태산은커녕 뒷동산 산

책도 못 하게 되고 말겠지. 어쩌면 뒷동산으로 그녀와 같이 걸으며 태산이 어떻게 이루어지는 지를 들려주어야 하건만.

다시 스탠드 등을 끄고 이불속으로 들어가서 등을 오그리고 잠을 청했다. 이제야 잠이 올 것 같은데…, 멀리서 스치는 바람결처럼 문득, 그녀의 음성이 들려왔다. 무슨 말이었더라…?

'제가 선생님의 마지막 여자가 되면 안 될까요?' 라고 했던가? 단둘이 저녁을 먹고 나서 그녀는 긴 의자에 앉아서 슬쩍 말을 흘렸었다. 아쉽게도 이 앞엔 말은 '지금까지 연애를 많이 했겠지만,' 라는 전제어가 있음도 떠올랐다.

그녀의 속삭임이 향기롭다. 어물어물 모른 척했다. 잘된 만남이 될 것이 분명하므로 감기기운이 있어 그만 돌아가자고 그 흐름을 흐리고 말았다.

잘못된 만남이 잘 된 만남이 되기까지 얼마나 많은 가시밭길을 걸어야 신천지가 열리는지, 나로서는 탁월한 선택이 절실한 시점이다.

그녀도 스스로를 알고 있으니 더욱 염려스럽다. 누군가가 자기더러 빛이 나는 보석과 같기에 마주 앉으면 그 기운이 느껴져 마음이 편해진다고까지 설파하는데도 딴청을 부릴 수밖에. 소망이 충만한 눈길을 통하여 큐피드의 화살에 꽂히면 사랑의 신열로 앓아야 하듯이 멀리서도 빛나는 여자가 있음을 어떻게 알았을까. 대단한 일은 아니라는 듯 감성感性의 배광背光이라고 알려주고는 강의하듯 사례를 들려주기는 했지만 더 깊어지면 되겠는가 말이다.

앞으로 〈텔래파시 어펙트〉라든가, 운명과 숙명의 차이를 알려드릴 심산이 넘실거린다.

잠은 이미 새벽빛에 스며버렸으니 다시 일어날 밖에. 내친김이니 수필로나마 옮겨야 한다면서 창밖을 물끄러미 바라보았다. 그럴수록 그녀에게 전해 줄 것이 많음을 예측하게 될 뿐이다. 진실을 줄 것인가. 진리를 깨우치게 도와 줄 것인가…?

세상을 보석으로 꾸민 위대한 예술가나 대문호 중에는 잘못된 인연을 만나고서 국경을 초월하고, 나이 차이를 잊고, 신비를 훔칠만한 능력을 발휘한 사실을 억지로 부정하진 않으련다. 그 인연이 고마워서 유산으로 물려준 예술품이 불멸의 존재로 영생하고 있음이다.

하지만 나는 아니라고 해야 한다. 솔직히 고백하면 나는 시의 도구일 뿐이다. 나름으로는 이미 사랑시도 많이 남겼으니까 이제 고독을 즐겨야 할 때다. 고독을 통하여 노래는 남고 노래하는 사람은 없게 될 운명을 뜨거운 침묵으로 맞이해야 한다. 그러하니 그녀의 매력 탓으로 시상이 넘쳐서도 아니 되고, 쓰지 않고는 못 배길 지경이라면 나만 간직했다가 지우면 되겠지. 다만 아름다운 운명으로 만났으니 그대를 아끼고 다듬어서 눈부신 여인이 되도록 냉정하게 대하리라. 드디어 새우잠을 자도 될 것 같다. 이런 글 아무나 못 쓴다는 자부심이 편안하게 꿈길로 인도할 것이므로.

사방팔방 실금 그릇

인연 따라 만나야 하는데 안 만나려고
오래 애쓴 사람은 얄미운 사람이므로
만나려고 애쓴 사람이 미워할 때
그 미움을 받는 그릇이 되고자 함이다

흔히들 그릇은 비워야 채울 수 있다고
비워본 듯 말하지만 비웠다고 하는 말도
그리움을 견디면서 상처받지 않겠다는
다짐이기에 말없이 오래 참았던 거다

사랑할 때 더욱 사랑하라는 뜻은
어제는 추억, 내일은 소망으로 빛나므로
오늘만은 땀과 눈물로 채워야 할 것이니

기쁨과 슬픔으로 이루어진 그릇이 되어
그대의 차디찬 시선에도 눈을 감고는
한 때의 절실한 사연을 간직하느라고
실금으로 오래 견딘 골동품 그릇이다.

최근에 나의 화두가 '도대체 이런 일이 생기다니!' 다. 눈부신 예측을 가능케 할 아름다운 여인이 선물처럼 내 곁에 왔다. 나를 사랑한다는 거다. 그것도 내가 죽을 때까지 아니, 죽고 나서도 나의 무덤을 지키겠다는 거다. 이건 도무지 말이 안 된다. 말이 안 된다고 말했더니 엄연한 사실을 왜 말이 안 되냐고 되묻는다.

　　그런데 문제는 사랑할 수 없는 인연이므로 그냥 만나자고 했더니, 그때는 그때 가봐서 하는 대로, 할 수 있는 대로 해도 되는 일이므로 미리 모양새 빠지게 하지 말고 그냥 주어진 환경을 잘 활용하여 사랑하자고 다짐을 유도하고 있다. 하지만 황홀한 불행이라는 말이 떠올랐다.

　　사랑 시에는 반전이 있어야 재미가 붙는다. 아침에 방영하는 연속극의 삼각관계나, 불륜이 그런 맥락이다. 하지만 감성에 빠져서 사랑을 불태우다가 이성으로 돌아서면 사랑해선 안 될 사실로 태도가 돌변한다. 그때 그런 사랑은 불행이 닥쳐왔다고 쾌재를 부른다. 그래서 갑자기 돌개바람 불어 형편없이 흔들리기 보다는 이미 미운 짓을 하자고 시심을 더듬었다.

　　눈앞에 있어야 더욱 사랑할 수 있으므로 안 만나려고 오래 애쓰련다. 그렇게 연인을 괴롭히는 사람은 얄미운 사람이므로 만나려고 애쓴 사람이 견디다 못해 분노로 가득한 얼굴로 미워했을 때 기꺼이 그 미움을 받는 그릇이 되고자 함이다.

　　나도 노인 반열에 오를 만큼 오래 살아서 안다. 미워하는 마음은 오래 가지 않는다는 것을. 물론 잊지 못할 수도 있다. 미움은 대상에 대한 마음으로 덧나는 상처이니까 잠시 숨어 있기는 하다.

그때 가서 서로 아프기 보다는 지금 던지는 그대의 차디찬 시선에는 아랑곳 하면서도 한 때의 절실한 사랑을 간직하겠노라고 실금으로 오래 견딘 골동품 그릇임을 알아주길 바라건만 그때는 이미 지금이 아니다. 다만 오래된 막사발이 사발팔방 연속무늬로 금이 나 있음에도 아직 물이 새지 않음이 사연을 기억하는 소나무 둥치처럼 고난을 견딘 연륜으로 보인다.

이제 사랑의 비극을 알 것 같다. 사랑할 수 없어서 입술을 깨물며 그믐달에 시를 새기는 아픔보다는 사랑해선 안 될 사랑을 해야 하는 고뇌가 더 견디기 힘겨워서 둘에서 최후의 길을 선택한 사례도 있었음을.

그러므로 물이 새기 전에 실금으로 나마 사연을 간직하려는 막사발의 유비무환은 좋은 거고, 그때 가서 대성통곡하더라도 지금의 포도주를 마시기 위한 유구무언은 은밀하게 나쁜 거다.

눈 내리는 오후

그대 무슨 일로 소식이 불통인가
중부지방은 기온이 내려간다는데
오전에는 늦잠을 자는 편이면서
가끔 쌈을 싸서 먹여주던 눈웃음
바다건너 여기도 눈이 내리는데
해송은 진눈깨비에 무척 시달려도
그 자리에 그냥 견디고 있는 것은
나를 닮아 허공마다 적막강산인가
드디어 나를 사랑하지 않는 여인
그래도 봄이 오면 꽃이 피겠지만
흐느끼는 음악이 오히려 달콤하다.

첫눈에 나를 좋게 알아준 여인이 있다. 아직은 있었다고 하긴 이르다. 며칠 소식이 없다고 조바심을 내고 있음이니까. 첫눈에 알아본 것이 저절로 라면 '눈 내리는 오후'의 사연 또한 절로 써진 시이다.

무슨 말을 해도 귀담아 들어주고 나를 안쓰럽게 챙겨주던 여인이 아무런 답신이 없어서 궁금해서 그대 무슨 일이 있어서 불통이냐고 서술 형식으로 마음의 행로를 띄운 것이다.

이 시는 흐느끼는 음악이 오히려 달콤하다고 끝맺음을 한 것은 흐느끼는 청각과 달달한 미각을 활용하기 위한 장치인 것이다.

비록 불길한 소식이라도 궁금증에 비하면 아무 것도 아니라는 가정으로 지금까지 나를 사랑해 준 것만으로도 과분했다는 자책에 이르자 '드디어'라는 한정어를 차용하게 된 거다. 비록 나를 사랑하지 않더라도 나는 스스로 소중하기에 슬픈 음악도 달콤해야 한다면서 봄을 이기는 겨울이 없으므로 따뜻한 허공으로 새들이 난다고 위로하였다.

섬인 이곳에도 눈이 내린다. 바닷가 해송은 뭍으로 오르려는 진눈깨비와 동풍 때문에 상형문자를 쓰는 형상으로 굽어도 그 자리에 그냥 견디고 있는 것은 나를 닮아 허공마다 적막강산이냐고 묻게 된 거다. 달빛이 아무리 밝아도 그대 소식이 없으면 달빛마저 탈색된 어둠이라는 거다. 어찌하든 그대, 무슨 일로 소식이 불통인가?

나이가 들어도 최우선은 건강이다. 그 못지않게 중요한 일은 남에게 원한을 사지 말아야 한다. 원한을 사면 저승까지 죄를 짊어지고 가야하기에 눈을 못 감고 그토록 먼 길을 가야 한다. 그러므로 이 불통은 원한은 아닐 거다. 마냥 바라보기만 해도 행복해서 그대의 발랄한 표정에 잘 따라주진 못했지만 그게 죄가 되진 않으니까 말이다.

중부지방은 기온이 내려간다는데 길마다 빙판이겠다. 빙판길에는 운전이 두려워서 대중교통을 이용한다고 했으니 마음은 놓인다. 오전에는 늦잠을 자는 편이면서 아침 겸 점심으로 식사하느라고 바쁘긴 할 것이다. 여인의 일과 중에 치장만큼은 소중하다고 여기는 성격이라서 겉치레 화장보다는 헬스까지는 아니더라도 산책을 하거나 마사지 받느라고 전화를 늦게 받는 편이긴 해도 이렇게 며칠이나 불통인 적은 없었다.

어쩌면 이 불통은 이별을 꿈꾸는 갈등의 전주곡이 아닐까? 이별을 통보하고 싶은데 태풍에 전기가 끊기듯 갑자기 암흑천지가 되면 어리둥절하면서 눈을 가늘게 뜨고 어두운 방에서 허공을 더듬을 것 아닌가. 그래서 스스로 감지하라고 양초라도 몇 개 준비할 시간을 주는 것도 최소한의 배려다.

그대 알기 이전으로 돌아가 생각해보면 언제 우리 서로 연락이 있었던가!

만약에 그녀가 따뜻한 감성에서 차가운 이성으로 상황을 판독하고는 '그동안…'이라는 말줄임표가 당도하면, 시인은 행복해선 안 되기에 아무렇지도 않은듯 침묵을 지켜야 한다. 탁월한 선택을 했다고 배려해야 하므로.

이어지는 팝송이 '데니보이'다. 산골짜기 마다 봄이 와서 계곡에도 물이 흐르고 들판에 꽃이 피어 있다. 하지만 무슨 사연 때문인가? 목동의 피리소리가 색소폰으로 대신 울려 퍼지는데 고막이 터질 정도로 애절하고 절절하다.

새봄이 왔건만 작년 봄만 못하면 그게 설움인가? 부디 사소한 일로 불통이기를, 헤어진다고 해도 어서 무소식이 끝나기를. 만약의 사태를 짐작하는 나는 흐느끼는 색소폰이 거대한 물결로 밀려와서 내 황량한 마음 곳곳을 채워주는 느낌이다.

아름다운 상처

나는 그녀를 행복하게 할 자신이 있었다
그녀를 위하여 보석을 감추어 두었으므로
그러나 보석은 너무 커서 눈에 잘 띄므로
다른 사람들도 탐을 낼 것이기에
산 속 깊은 동굴에 감추어 두었다
그 보석을 평생 같이 지니자고 했더니
그게 사실이라면 보여 달라고 했다
혼자서는 가지고 나올 수가 없어서
산 속으로 같이 가서 가져오자고 말했다
그녀는 처음에는 그러겠노라고 했다가
막상 산속으로 들어가려니까 힘이 들고
또한 믿을 수가 없었는지 싫다고 하였다
정으로 조금 깨뜨려서 조각을 만들고
그녀의 손에 얹어 주려고도 생각했지만
흠짐이 없는 보석을 드리고 싶음 마음에
나는 진심을 담아서 간절하게 애원했다
그러나 무슨 속임수가 있다고 판단했는지

다시는 만나지 않아도 건강하길 바란다며
이별을 통보하곤 아주 멀리 떠나 버렸다
나는 버림받은 것이 서러워서가 아니라
내가 미심쩍게 속였다는 오해가 아프고
그녀를 행복하게 못 해준 사실이 괴롭다.

비록 짧은 만남이었으나 벌써 4년, 잊지 못할 추억이 넘실거려 이 시를 썼다. 그리고 시만으로는 아쉬움이 많아서 단편소설〈아름다운 상처〉도 썼다. 여기에 인용한다.

〈첫 만남〉

우리 둘은 도도히 흐르는 강이다. 저마다 흘러도 도도하다. 얼음이 얼어 강 위를 걸어 다닐 수 있어도 강 속은 여전히 도도히 흐르는 강물이다. 왜 이런 생각이 났는가? 절로 생각이 난 것 같지만 사실은 이런 생각이 나도록 속내 깊은 그대의 배려 탓이다. 탓이긴 하되 아주 기분 좋은 덕분인 것이다. 마음의 흐름에 맡기라는 그대의 뜻에 따른 위안이다.

그때, '나, 그대를 무지 좋아하거든.' 그랬더니, '어디가 그렇게 좋으냐?'고 미소를 머금어 주었다. 당연히 '저도 좋아요.' 하고 맞장구를 치지 않은 것은 예의상이지 거부는 아닌 것이다. 쓸데없는 말 하지 말라고 하지 않은 걸로 보아도 그렇지 않은가! 아무튼 흐뭇했다. 앞으로 우리의 만남은 뻑적지근할 수도 있다.

요리 솜씨가 뛰어날 거라고 말했더니 별로 라고는 하면서도 손님을 초빙할 정도라고 했다. 요리는 주어진 재료를 잘 갈무리하는 거다. 보기에, 먹기에, 먹어서 영양가치가 좋고 다시 찾을 만큼 맛이 좋으면 솜씨가 있음이다.

내년엔 문학전집을 완성해야 한다는 각오를 다지다 보니 회원도 많아야 한다는 당위성으로 연고가 거의 없는 지역에 사는 그대에게 따뜻한 손을 내밀게 된 거다. 겉으로 보기에는 무슨 사업 확장 같아 보여도 실은 내 시를 전파하고 싶은 욕망의 실천으로 서울에서도 문학강의를 했다.

어느 동호인 모임에서 우리는 만났다. 패션이 수준급의 여인이 아웃도어를 입은 여인들과 나란히 서서 게임에 한창 빠져 있는 모습이 특이하게 다가왔다.

잠시 기회를 엿보다가 가까이 가서 공개적으로 귓속말을 했다. 별로 잘 생기지도 않은 내가 시를 좋아하느냐?, 책을 좋아하느냐? 물었을 때, 분위기가 좋은 때여서 그런지 리액션도 멋지게 많이 좋아한다고 해서 '짧은 포옹 긴 이별' 시가 있는 책도 드렸고, 내 문학동아리를 홍보하는 미니우산도 선물로 드렸다.

점심시간이 끝난 후, 남녀합동으로 '풍선 나르기'게임을 하게 되었다. 절호의 찬스라는 발상에 내 옆으로 오라고 했더니 별 의심 없이 다가왔다. 자연스레 서로 풍선을 끌어안고 달리기를 하게 되었는데 얼굴이 닿을 만큼 아슬아슬하면서도 느낌이 좋았다. 잘 알지도 못하는데 뜨겁게 포옹한 거다.

〈재회〉

계절이 한숨처럼 깊어서 풀벌레 소리조차도 서러운 가을이 가고 겨울이 왔다. 만나고 난 지 두 달 여가 지났다. 그 사이에 내가 쓴 시도 보내주고 서로 안부를 묻게 되었고, 근황도 주고받으면서 친분을 쌓았다.

주로 핸드폰으로 대화를 많이 했는데 2013년 12월 12일 저녁 7시 52분에 온 문자는 암시하는 바가 컸다.

'동박새가 살집이 있어요~^^ 통통하게요~!'

내 호는 '조엽鳥葉'이다. 새가 짝을 만나면 나뭇잎사귀를 입에 물고 집을 짓고 새끼를 기른다는 의미로, 새는 양을 상징하고 잎은 음을 상징하므로 시인인 나에겐 안성맞춤이다. 내 호를 생각해서 이 문자를 보내진 않았겠지만 동박새가 통통하게 살집이 있으니! 마침표로 강조할 만큼 그리 알라는 암시로 유추하고 혼자서 흐뭇했다.

차츰 만나고 싶은 마음이 굴뚝처럼 높아졌다. 찾아가겠다고 문자를 보냈다. 확률은 50%이다. 전혀 뜻밖으로 찾아오라는 반가운 답신을 받았다.

2014년 1월 7일, 공항에서 재회를 했다. 서둘러 저녁을 먹고 그녀의 차에 동승하여 예약해 두었다는 호텔로 갔다.

호텔로비에서 호실을 확인하고 계산을 해주었는데, 여기서 기다릴 테니 짐을 풀고 내려오라고 할 줄 알았는데 거침없이 침대가 있는 9층까지 엘리베이터를 타고 따라온 거다. 침구, 세면도구 상태를 점검해 주는 동안 나도 자연스레 짐을 풀어 놓았다. 우여곡절로 무늬만 남자이긴 해도 눈이 마주치면 마주친 몫을 해야 하므로 안 마주치려고 얼마나 노력했는지 모른다. 그래서 눈을 안 마주쳤다.

둘이서 시내를 산책했다. 상황으로 보아서 커피 샵에 가면 제격이지만 나는 커피를 싫어한다. 3년 전에 신장암 수술을 받은 후로는 재발이 무서워서 커피를 마셔야 할 모임에선 한 모금 입에 대는 정도만 커피를 마셨다. 그래서 골똘하게 걷는데 노래연습장이 보였다. 노래나 몇 곡 부르자고 합의하고 노래방에 갔다.

번갈아 가면서 불렀다. 장계현이 부른 '잊게 해주오.'가 내 십팔번이다.

    때로는 생각이야 나겠지만
    자꾸만 떠오르는 잊어야 하는 여인
    잊게 해 주오 잊게 해 주오
    그대를 모르게 잊게 해 주오
    잊게 해 주오 잊게 해 주오
    과거를 모르게 잊게 해 주오
    우연히 나도 몰래 생각이야 나겠지만

가수 장계현은 기타도 잘 친다. 콧수염이 깜찍하고 중후한 스타일인데 비음으로 쏟아내는 바이브레이션은 가히 수준급이다. 가사도 '우연히 자꾸만 떠오르니까 보고 싶어서 미칠 지경이 될 수도 있으므로 그대도 모르게 잊게 해달라는 영탄은 감동이다.

그녀는 은희의 '꽃반지 끼고'를 불렀다. 그대가 만들어준 꽃반지

끼고 다정히 손잡고 거닐던 오솔길이 이제는 가 버린. 멀리 가버린 아름다운 추억이 되고 말았지만 그 바닷가에서 그대와 둘이서 쌓던 모래성이 파도에 부서지던 날이 생각난다는 가사를 그녀도 그윽하고도 청아하게 불렀다.

주로 내가 노래를 많이 부르도록 곡목을 물어봐주었고, 곡을 틀어주었다. 그러다 보니 흥이 나서 자연스레 춤을 춘다고 스킨십도 이루어졌다. 리듬에 맞추어 손을 잡고 스텝을 밟은 거다. 잠시 쉬면서 음료수를 마시고는 그녀가 말했다. 춤을 워낙에 좋아해서 스포츠 댄스를 배우고 싶다고. 지금도 운동 삼아서 아침마다 헬스장에 가는데 춤 파트너가 있으면 좋겠다고 내 의중을 물어왔다. 나는 이미 사교춤은 잘 추는 부류에 속한다. 스포츠 댄스도 자이브 정도는 할 줄 안다. 이렇게 체형이 멋진 여자와 운동 삼아서 춤을 춘다는 것, 상상만으로도 수지맞았다. 경쾌하고 신나는 리듬을 매력적인 율동으로 자신의 감성을 표현한다는 것은 건강한 육체의 향연이다. 음악은 영혼의 꽃과 같아서 들으면 들을수록 예술세계가 꿈결같이 펼쳐지는 향연, 그것은 육체의 추임새다. 춤을 즐기자고 말했더니 고개를 끄덕였다.

〈재회의 실천〉

자정이 가까워서야 호텔에 들어왔지만 쉽게 잠을 이룰 수가 없었다. 침대에 반듯하게 누워서 깍지 낀 손을 베개 삼아 천장을 바라보앉다. 앞으로 그녀를 자주 만나야 될 것 같은 예감이 마음을 설레게 했다. 인문학이 무엇인지 구체적으로 모르는 여인에게 문학을 가르친다는 것, 그보다도 나에게 시 공부를 하겠다는 마음씀씀이는 아름다운 사건이다. 반드시 잘 가르치리라 결의를 다졌다. 인생은 고달프지만 다시없기에 아름다운 악몽이라고 수필을 쓰게 하고 낙엽은 봄의 씨앗을 덮는 이불이라고까지 인식할 수 있도록 도와야겠다. 석양이 바다에 닿으면 끓는 물소리가 난다든가, 일몰은 바다를 지피는 모닥불이라든가, 외딴섬엔 갈매기 한 마리만 날아도 풍경이 된다는 그런 감각을 깨우쳐 주고는 시란 고통을 환희로 탈바꿈하는 과정임을 터득하게 하면 좋은 만남이 된다는 상념에 어느 덧 날이 밝았다.

오전 9시에 만나기로 해서 아침 늦게 해장국으로 식사를 하고 기다려도 소식이 없다. 30분이 지나서는 전화를 할까 했으나 집에서 여기까지 오는 동안 걸리는 시간도 있을 것이고, 나 때문에 하루 일과를 비우는 만큼 해야 할 일도 있으리라 짐작하여 연락이 올 때까지 기다렸다. 드디어 10시 반이 되어서야 호텔 주차장에 도착했으니 나오라는 거다.

"오래 기다리셨죠?"

"응."

사실을 애교 섞인 목소리로 말해서 더 반가웠다. 생각이 아무리 많아도 꼭 만나야만 만난 것이구나 하는 당위성을 구했다. 그 지방의 유명한 시인의 문학관에 갔다. 형편 상 여기서 누구의 문학관이라고 밝힐 순 없지만 나더러 유명해지면 문학관을 지으라고 하면서 기념사진을 찍어주었다. 이런 분위기에 힘입어 다른 관람객에게 부탁하여 둘이 다정한 포즈로 기념사진도 찍었다. 사진 찍으면서 자세히 보니까, 어제의 차림새와는 딴 판이다.

우선 헤어스타일이 눈에 띠게 달라졌고, 옷차림도 화려해서 파격적이다. 한 마디로 상류 계층의 귀부인을 은밀하게 만난 행운을 누리고 있음이다.

'하이힐까지 맞춰 신고 나오려니까 아침에 늦었구나.'

1월 8일이면 겨울이라도 한창 겨울이 아닌가. 햇볕이 따스하고 하늘마저 청명해서 봄 날씨처럼 화창하다. 환갑이 넘도록 살면서 이런 겨울 처음이다.

점심을 맛있는 곳으로 모시겠다면서 사람들이 북적북적한 두부집으로 안내했다. 두부전골을 시켰는데 반찬을 챙겨주고 펄펄 끓는 두부를 그릇에 더는 정성이 느껴져서 이것이 정말로 현실에서 이루어진 현상인지 반문하고 싶을 정도였다. 배불리 먹고 나무그늘에 앉아서 후식으로 매실차를 마셨다.

문득, '산책과 사색'이라는 명제가 떠올랐다. 산책은 육체적인 사색이고 사색은 정신적인 산책과 닮았다고 막연히 생각하고 있었는데 이 여인하고 인연이 깊어지면 더 멋진 글을 쓸 수 있다는 자신감이 생겼다. 오직 이 여인을 위한 시집을 내면 그 또한 즐거움이라고 상념을 헤집고 있는데 그녀가 심심했는지 엉뚱한 질문을 던졌다.

"가는 곳마다 이정표를 세우실려고요?"

동행한 사람이 있음을 잊어버릴 만큼 내 표정이 심각했을까? 장난삼아 던진 말이겠지만 암시하는 바가 컸다.

대답대신 고개를 가로 저으며 밝게 웃었다. 말 펀치가 이 정도면 심성이나 배짱도 대단할 수 있으니 품위를 지켜서 아껴주어야 한다는 결의를 다졌다.

강이 도도하다고 하여 서로 예의만 지키면서 강가에서 노을이나 바라보고 유유자적하면 어떻게 광대한 바다에 이르겠는가? 그대는 소중하다. 이토록 멋진 여자 다신 못 만난다. 정신 바짝 차려야 한다. 선생님에게만은 특별하다고 누누이 말했다. 특별하다는 말뜻은 이미 나를 어떤 형태로든 갈파하고 있다는 마음의 선물일 거다.

만약에 내가 퉁소의 달인이라서 야심한 달밤에 강가에서 애절하고도 절절하게 퉁소를 불었을 때, 퉁소 소리의 매력에 잠을 잊은 여인이 소매 긴 저고리를 입은 채 강가로 찾아와서 달빛배경을 위하여 춤사위를 그리면 순간이 순간으로 끝난다 한들 백발은 성성해도 흥취는 찬란할 것이다.

중소도시라서 공항은 있으나 제주행 비행기는 드물어서 핸드폰으로 오후 5시 발로 티켓을 끊었다. 미술전시관과 자연사 박물관을 관람해도 탑승 시간이 무려 3시간 이상 남았다. 속으로는 어디 가서 낮잠이라도 자면 딱 좋을 시간이지만 턱도 없는 비유이고, 공항 로비 찻집에서 대화를 나누기로 하고 공항으로 향했다. 가는 길이 지루하지 말라면서 CD로 음악을 들려주었다. 얼마나 감미로운지 절로 눈이 감기면서 하품이 연신 나왔다.

'졸아선 안 되는데….'

운전하는 미인 옆에서 존다는 것은 예의가 아닌 거다. 재회라곤 하지만 그녀의 신상을 잘 모른다. 다만 나이는 띠를 들어서 알고 있지만 가족 구성원에 대해서는 묻지도 알려주지도 않아서 잘 모른다. 직장은 경양식 식당이라고 들려주었는데 오전 10시에 열고 저녁 10시에 문을 닫는데 직원들이 교대로 근무하는 사이에 들려서 점검하는 정도만 관여하고 나머지는 골프 모임에 나가거나 취미공예로 시간을 보낸다고 들려주었다.

직업이라든가 취미까지, 중요한 이야기를 하는 줄 알면서도 밀려오는 졸음은 막을 길이 없었다. 그래도 궁금한 것이 있어 허심탄회하게 질문을 해 보았다.

"호텔 방까지 따라왔을 때, 내가 어떻게 하면 어떻게 하려고…?"
"그러지 않으실 분인 줄 짐작했는걸요."

짐작으로 되는 일이 있을까…, 가물가물 음악소리가 들렸다. 잠깐 눈을 붙였는가 싶었는데 어느새 공항 주차장에 도착해 있다. 비행기 자리를 배정을 받고 커피 샵에 마주 앉았다. 어제 노트북에 시를 쓰느라고 잠을 던 탓으로 잠시 졸았다고 했더니, 깨우지 않으려고 공항 진입로를 세 번이나 돌았다고 하면서 자는 모습이 밉지 않더라고 했다.

이제 눈길이 개운하다. 풍부한 대화가 넘실거렸다. 고마움의 표시로 제주도에 초청하겠다고 했고, 정말 가고 싶은 제주도라서 오겠노라고 대답했다. 선물을 준비했다면서 잠시 자리를 비우더니 차 트렁크에서 꺼내온 작은 박스 하나를 나에게 주었다.

상표를 보았더니 값이 꽤 나가는 물건이다. 수속을 밟으면서 돌아서서 손을 내밀었더니 매니큐어가 눈부신 손을 내밀기에 악수를 하면서 손등에 키스를 하려고 했더니 얼른 손을 뺀다. 여인의 손은 부드럽게 잡는 것이 상식이다. 어쨌든 다시 만남을 위한 작별이다.

〈바다 건너 행복〉

하루가 멀다 하고 문자가 오고 갔다. 우선 답례로 제주도 별미를 택배로 보냈다. 제주도에서 보낸 선물을 받았다는 사실이 꿈만 같다며 무척 즐거워했다. 왕복 비행기 표를 끊겠다고 했더니 명절 전에는 일이 바쁘고, 대목이라 2월에나 제주도에 오겠다고 했다. 그래서 올 수 있다는 날을 택하여 2월 중순으로 미리 티켓을 마련해 두었다.

그동안 여기저기 게재했던 원고를 정리하는 일, 사무실 강의로 시간을 보냈다. 1월 27일, 28일 29일에도 카톡으로 서로의 안부를 물었다. 1월 30일에는 내가 명절을 잘 지내라고 카톡을 보냈더니

'네에, 선생님께서도 명절 잘 보내시기 바래요^^'

반긴다는 표시로 아이티 콘을 넣은 문자가 왔다.

1월 31일, 설날은 설날이라서 연락이 없을 줄 알지만 궁금했

다. 설날 뒷날도 아무런 연락이 없다. 설날이면 지방에 갔을 수도 있고, 할 일이 많으니 바빠서 그냥이겠지 하고 지나갔다.

다음 날도 오전 내내 전화나 문자가 없었다. 전화를 하는 것이 자연스러울 것 같아서 전화를 했다. 신호는 가는데 받지 않았다.

'집안에 무슨 문제가 발생한 거 아닐까…?'

마음이 초조해지기 시작했다. 눈길에 운전하다가 전화를 받을 수 없을 만큼 교통사고를 당하여 입원 중인 것도 모르고 이렇게 태평하게 지내고 있는 것 아닌지 마음만 착잡했다. 나로 인하여 해로울 일이 있었던가? 좋아한다고 했던 말, 비행기 표를 왕복으로 준비했고, 제주도에 오면 멋진 곳으로 안내하겠다는 다짐, 고급 선물을 잘 받았다는 고마움의 표시 같은 것들도 외적 요인으로 불리하게 작용하여 식구끼리 대판 다툼이 난 모양이다. 평소에는 말줄임표나 의문부호를 잘 사용하지 않는 나지만 답답하니까 벼라 별 생각이 다 난다. 그 중에서도 가장 나를 두렵게 한 것은 그녀를 지금보다 행복하게 해 주겠다는 욕망 때문이었다.

그 욕망은 그녀가 제주도에 와서 풍광이 빼어난 곳이나, 나만 자주 가는 곳을 둘러보고서는 제주도에 와서 여생을 보내겠다고 했을 때, 나는 기꺼이 구매하면 땅값이 오를 토지를 매입하게 하여 경제적인 이득을 보게 할 것이고, 요리 솜씨가 좋은 만큼 찾는사람이 많을 것임으로 레스토랑을 차리게 하여 제주도 정착이 즐거움과 보람을 함께 누리게 하겠다는 포부다. 그나마 이토록 착한 속내를 보이지 않음이 천만다행이라고 여기면서 안도의 한숨을 감추며 견디었다.

드디어 2월 3일 늦은 저녁, 반가워서 눈물이 날 지경인 카톡이 왔다.

'휴대폰이 명절 조카며느리의 기저귀 가방에 들어가 멀리 바닷가 마을까지 갔다가 이제야 주인에게 돌아왔네요~! 명절 잘 보내셨지요? 궁금하셨겠네요…'

우선 어디 다친 곳이 없고, 다툼이 없고, 정상적인 상태로 온전히 돌아와서 횡격막을 올리고 쉬던 숨을 편안하게 내려놓고 이리저리 감회에 젖었다.

남자가. 그것도 유명한 시인이, 무슨 일이라도 생겼는지 몰라서 속이 까맣게 탔다거나, 공중전화라도 해 주었어야 되는 거 아니냐고 투정이라도 부린다면 그건 체면이 아니다. 나중에 얼마든지 장황하게, 그리고 기다림의 실체를 자세하게 알려줄 수 있을 것이므로 우선 내 마음을 추슬러야겠다는 생각으로 궁금했을 거라는 말에 격한 공감을 표시하느라고

'그걸 말씀이라고~~^^'

서둘러 웃는 아이티 콘까지 곁들여 보냈다. 그랬더니 2월 4일 오후 9시 59분에 결별을 선언하는 답신이 왔다.

'상황설명에 대한 선생님의 대응이 너무 큰 상처였지요. 어찌 그런…, 신뢰 받지 못함에 잠시 선생님과 함께 했던 시간 추억으로 간

직하고 이만 접겠습니다. 물론 제주행도 함께…. 그동안 관심 감사 드리고 건강 잘 살피시어 왕성한 작품 활동하시길 바랍니다. 안녕히….'

나의 미미한 대응으로 너무 큰 상처를 받았다는 말에 나는 심한 충격을 받았다. 한 동안 멍멍했다. 어쩔 것인가? 생각이 깊어진다.

무성의한 답변을 했음을 뉘우쳤다. 그러나 저속한 말을 했거나 거짓말을 한 건 아니므로 사과할 생각은 전혀 없다. 이참에 그녀의 성격을 느꼈는데 품격이 높고 열정 또한 대단한 만큼 그 열정이 식으면 빙하의 계곡처럼 차갑다는 결론을 내렸다.

상황의 전개를 되짚어 보아도 나는 융숭한 대접을 받은 건 사실이다. 결별의 통고문도 자신의 섭섭함이나 어쩌면 실망, 분노까지도 스스로 억누르면서도 격식을 갖춘 명문장이다. 그녀의 상처나 나의 충격을 달래려고 몇 번을 읽어도 단절이라는 안타까움에서 헤어날 수가 없었다.

한편으로는 제주도를 방문한다는 설렘과 더불어 예상치 못할 일이 생기면 어떻게 해야 하는지 나름 고민이 많았을 수도 있겠다. 그래서 용단을 내린 건 아닐까? 이 용단은 악역이므로 나를 위한 배려인지도 모른다. 나중에 못생긴 미련이 창궐해야 이별을 실감할 것인가?

남녀관계에서 이별은 만남보다 형편없는 선택이긴 하지만 이별 뒤에 새로운 시작이 펼쳐지므로 그리움이, 미안함이 희미해 질 때까지 먼 산등성을 바라보면서 견디는 거다. 문득 사랑한다는 것은 서로 존중하는 마음가짐임을 깨우쳤다. 더하여 어느 한 쪽이라도 존경심으로 상대를 대한다면 그 사랑은 오래 간다. 미운 짓은 상대를 섭섭하게 하는 만큼 그 보다 더 큰 기쁨도 주어야 함도 알기 때문에 존경은 겸손을 겸한 의리와 같은 거다. 그러나 이별을 원하는 대도 뜻에 따르지 않으면 상대를 존중하는 것이 아닌 거다.

안녕이라는 말이 뜨거워도 기꺼이 눈앞에서 사라져 주는 것도 사랑의 태도이다. 그러나 예의를 차리고, 양심을 믿고, 손익을 따지고, 명분을 찾느라고 사랑을 포기하는 것은 고苦에서 도道를 찾는 과정이 아닌 거다. 격언으로 '남자는 용기, 여자는 애교'라는 말이 있다. 용기 있는 남자가 미녀를 얻는다고 했으니 이 상황에선 용기가 절실한 대목이다.

얄팍한 수법이긴 하지만 비행기 티켓을 반환하면 얼마나 손해인 줄 아느냐, 누구 마음대로 이만 접으면 나는 어쩌란 말이냐. 접은 종이는 무게가 생기고 공기의 저항을 적게 받으므로 멀리 날아가지만 아직도 온전히 펼쳐진 종이는 이 자리에서 홀로 남아도 상관없는 거냐? 솔직히 키스도 한 번 못하고 상서로운 청마의 해 정초부터 버림받게 할 셈이냐고 따질 수도 있었지만 끝까지 침묵을 지키겠다는 결의를 다졌다. 이것은 최후의 발언과 같은 거다.

이미 결별통지를 받았으니 상소를 해 봐야 금이 간 유리잔에 테이프를 붙인 꼴이고, 미련은 찰거머리 태도와 같아서 거룩한 이별에 대한 예의가 아닌 거다. 그래서 소용없음을 알았다. 우리나라 영화 주인공처럼 총 맞아 죽어가면서도 할 말은 다 하는 정성을 보여야 했었는데…, 그래야만 측은지심이 생겨서 무덤까지 찾아와서 추억을 이야기하면서 향을 피워줄 것을.

골똘히 생각하면 할수록 단순하긴 하다. 혹자들이 이 사태에 대하여 입방아 찍기를, 이미 이별만이 수순이었다고 간단명료하게 알려주겠지만 나보다도 더 나를 생각해서 궁금했을 거라고 밝게 미소 짓는 얼굴을 돌아서서 외면한 거나 같은 거다. 예를 들면 과거도 아니고 미래도 아닌 바로 지금, 내가 다정하게 지켜보는 앞에서 인절미를 맛있게 먹자고 나에게도 떡을 준 거다. 떡이 찰지니까 조청을 발라서 먹으면 더 좋겠다고 조청 병뚜껑을 열어달라고 응석을 부렸음에도 무시했으니, 궁금했겠다는 애교에도 그걸 말씀이냐고 반문한 거나 같다. 떡이 떡이지 대충 먹으라는 무성의에 이 사단이 난 거다.

'저기 아름다운 오솔길이 있다.'고 하면 얼른 알아차리고 '우리 거기 가서 나무 뒤에 숨자.'라고 이끌어야 하는데 영특하지 못해서 미안하긴 해도 절반의 책임은 그대에게도 있으니까 안녕할 수도 없고 마지막 인사도 절대 못한다. 세상엔 향기로운 꽃만 있는 것이 아니다. 제때에 말을 하진 않았지만 그 자리를 오래 지키는 묵직한 바위도 있음을 알아야 할 것이다.

〈에필로그〉

　시인은 본디 생래적으로 외로운 것, 아픈 것을 구걸하는 족속이다. 그래서 악마에게 술을 빚어 바쳐야 하는 버림받은 존재이다. 버림을 받아야 인생의 쓴 맛을 알게 되는 거다. 또한 시인은 죽어가는 낙엽이 안타까워서 밤을 지키는 풀벌레의 울음소리를 즐겨듣는 만인의 연인이다.

　아무튼 이대로는 도무지 잊을 수 없어서 꽃피는 어느 봄날, 무모하게 그 중소도시를 찾아갔었다. 그 호텔 옆에 있는 모텔에 이틀이나 묵으면서 낮에는 노트북에 시를 여러 편을 썼고, 밤에는 가로등 따라 무작정 걷기도 했다. 객관적으로 따져도 그녀에게 받은 것이 너무 많아서 조금이나마 갚으려고 공항 면세점에 산 선물을 가지고 갔다. 하지만 핸드폰을 꺼내어서 다시 결별 통보를 꼼꼼하게 읽어보았더니 더욱 수긍이 갔다. 이 정도의 실망에 이 만큼의 결단이라면 앞으로 친해질수록 더 큰 실망도 발생할 수 있음에 여러 번 죽기 버거워서 그냥 돌아왔다.

　이 사연이 진짜냐고 묻는 독자는 작가를 대하는 예의가 아니지만 이 사연이 해피엔딩으로 끝나면 얼마나 배가 아플것인가. 비록 짧은 만남만 남기고 헤어지고 말았지만 단편소설을 쓰게 해준 고마움을 평생 간직하련다.

　사족이지만 요즘은 정열의 디바, 윤시내의 '어쩌란 말인가요' 유행가에 푹 빠져있다.

'못 잊어 날 찾아 왔노라고 말하지 말아요' 로 시작하는 절절한 가사가 뒤집어진 콩나물 음표에 착착 감기는 강열한 비트, 창자를 쥐어짜는 명가수의 음폭이 마음에 닿아서 건강을 잘 살피질 못하여 투병 중이지만 리듬 따라 제법 몸을 움직여 보기도 한다. 아직은 그런대로 견딜 만하다는 증명이다.

유행가 태반이 사랑의 애환을 호소하는 것으로 보아 사랑으로 빚어진 이별과 만남이 인생을 좌우한다고 해도 과언이 아니다. 나 같은 사람에게도 이런 사랑이 있었으니 잘 생긴 남들은 얼마나 많은 사랑에 울고 웃으면서도 아닌 척 시침을 떼고 있음을 눈치 챘다.

앞으로 의식이 분명할 때가 얼마 없을 것 같아서 왕성하게 작품을 정리하고 있다. 나의 침묵은 그때 그 충격으로 세상을 떠났지만 추억은 아직도 유효하다.

아픈 사랑도 그리움이 되는 것을

너무 아픈 사랑도 사랑인 것을
아파서 눈물을 삼켜도 사랑인 것을
그리움만 남아서 알았네
허공에 눈길을 던져보고서야 알았네
안개에 가려져 눈물 흘려도
강물을 떠서 얼굴을 씻어도
사랑이 상처가 되는 줄을
너무 아픈 사랑으로 흐느낀 것이
벽에 이마를 대어보고 알았네
이제 다시없는 세월에
이제 다시 사랑할 수 없는 사연에
우리는 아픈 사랑을 나누었다고
그냥 흘러간 석양이라고 애써 잊어도
기다림은 살아가는 눈길보다 깊어서
눈 감은 눈마다 그리움이 되는 것을.

시 한 편은 하나의 사건이다. 내용이 절실하면 쇼킹한 사건이다. 쇼킹이라는 단어엔 왕이 즐겨보는 구경거리라는 속뜻이 담겨있다. 절절한 노래도, 멋진 연주도, 세상에 없는 상상으로 그린 그림도, 식당에서 땀을 닦는 중년여인도, 소방차가 호스로 물을 뿌리는 화재 현장도 하나의 사건이다. 그래서 그대가 나를 사랑하는 것도 하나의 사건이다. 도무지 사랑할 수 없음에도 사랑하므로 우리의 사랑은 큰 사건이다.

그대의 사랑 속에서 나의 한숨이나, 눈물이나, 웃음소리나, 하품하는 모습까지도 다 중요한 사건이다. 순간은 순간에 밀려서 과거에 쌓인다. 그러나 보관하기 좋게 잿더미로 쌓인다. 여기 그때가 있었다는 기억으로 추억할 수 있도록 흔적만 남겼을 뿐, 그 시절로 가보면 이미 재가 되어버린 과거라는 시간. 그럴수록 눈앞에 있는 그대가 사랑하는 지금의 증거이므로 가장 소중하다. 다시없는 사건으로 기록된다는 사실로, 있을 때 잘해야 한다는 격언이 더욱 마음에 닿는다.

무려 한 시간이 넘게 운전하고 출근하고 있으니까 퇴근 또한 한 시간 넘게 운전해야 귀가할 수 있을 것이므로 지하철 가까운 주차장이나 기차역 주차장에 차를 세워두고 가면 더 좋을 것 같은데 어찌 생각하는지?

간섭이 아니고, 관심이다. 분명코 왕복 차 기름 값이면 버스나 지하철역에서 가까운 거리는 택시를 타도 시간이나 경비가 절약될 것으로 사료되는데 이 제안은 오직 그대의 안전을 위한 고충인 거다. 내가 운전자가 되고 싶지만 그러질 못해서 날마다 노심초사하게 되므로 절충을 바랄 뿐이다. 그래도 빙판길이 되면 차를 놓고 귀가한다고 했으니 조금은 안심되긴 하나 나에겐 날마다 빙판길이다.

그대는 음악마니아답게 이어폰으로 좋아하는 팝과 클래식 음악을 들으면서 출퇴근하기를 강력히 요구한다. 어쩌면 십년이 넘게 했던 습관이라 내 뜻에 따르지 못하겠다면 전혀 내가 누구인지 몰라서, 사랑할 만큼 멋진 남자가 나인 줄 몰랐다가 사랑하게 되어서 사랑한다고 해도, 나를 사랑하지 않았던 습관에 무척 길들여졌을 것이므로 나는 그 습관을 존중하여 이별 통보를 수용한다.

피곤한 일과에 장거리 운전하는 그대를 사랑하려면 이층에서 화분이 떨어질까 염려하여 고개를 쳐들고 걸어야 하는 숙명이 싫어서, 목 디스크로 아파서 어쩔 수 없이 이 사랑 어떻게 해야 되는지를 벽에 이마를 대어보고 알았다고 스스로 위로하곤 한다.

그러고 보니, 배신도, 이별도, 체념도 하나의 사건이네. 절절한 시처럼, 감미로운 음악처럼 우리의 사랑 또한 얼마나 쇼킹했던가. 이제 다시없는 세월에 우리는 아픈 사랑을 엮었지만 결국 '있었지만'으로 끝맺음하면서 사랑은 결국 그냥 흘러간 석양이라고 눈물로 달래야 하리. 그렇게 애써 잊어도 기다림은 살아가는 눈길보다 깊어서 눈 감은 눈마다 그리움이 증폭하는 사건인 것을.

차창에 스치는 불빛

너는 상행선 나는 하행선
차창에 스치는 얼굴이 반가워라
그리워해야 할 얼굴이라서
그리워도 멀어져야 할 얼굴이라서
말문이 막혀도
어디 가는데? 좋은 데 가고있어
너는 어디 가는데? 몰라 아직은 몰라
가보지 않아서 처음 가는 길이라서
좋아도 어쩔 수 없었어
몰라도 어쩔 수 없는 거지
미래가 과거가 되니까
과거가 그리움이니까
너는 상행선 나는 하행선
차창에 스치는 얼굴이 안타까워라
그리워해야 할 모습이라서 서럽다.

너의 모습에서 나의 그림자를 찾는다. 어디서 왔는지, 어디로 가는지 너도 나와 닮았다고, 닮아서 그나마 다행이라고. 과자 줄까? 먹을게. 태반에 쌓여서 탯줄로 숨을 쉴 때 꿈을 꾸는 잠이었을 거야. 두려움도 그리움도 아늑함도 모르는 막연한 잠이었을 거야. 자궁에서 나와서 탯줄이 잘리고 크게 울었지. 낯선 공간이 두려웠던 거야. 낯선 공기 들이마셔야 했던 거야. 젖을 먹었지. 그나마 체온을 느끼면서 차츰 안심했었겠지. 안심이 무엇인지 모르지만 울음은 그쳤으니까.

나는 그리저리 늙어간다. 너는 한창 피어나는 능금이다. 우리 서로 만나 혀끼리 감촉을 선사하는 동안은 막연한 세상이 짜릿했다. 이것이 세상 태어난 기쁨인 것 같았다. 그렇게 사랑하다가 나는 더 늙어서 병이 들었지. 자연현상이었지. 내가 왜 이 세상에 태어 난지도 모르는 하찮은 인간이라서 이 세상 떠나는 것이 막연히 불안했지. 그냥 왔으니까 그냥 떠나는 것이 순리인데도 이것 아니다 싶은 거야.

나는 본래 형체가 없었어. 형태는 있었겠지. 너도 그랬을 거야. 세상에 태어나려고 인간이 된 거야. 잠시 머물다 가겠노라고 입을 지니고 태어났던 거야. 그 입으로 사랑한다는 말을 배우고, 그 입에 먹을 것을 채우기 위하여 땀 흘리면서 살다가 떠나야 할 것은 떠나야만 미련이 없다고 하게 된 거야.

앞서거니 뒤서거니 간이역을 지나 종착역으로 기차는 달린다. 어둠을 뚫는 것이 아니고 어둠 속으로 달린다. 잠깐 비치는 달빛으로 차창 등으로 유리창엔 생각에 잠긴 그대 모습….

다시 만날 수 있을까…? 말을 걸었지. 어디 가느냐고? 스쳐가는 기차라서 시력만 닿았을 뿐, 말소리를 전할 수 없어서 내가 묻고 내가 대답했지. 그때 그대는 막연히 나를 보더군.

혹여, 그대도 나더러 어디 가느냐고 물으면 대답해야겠지. 처음으로 가는 길이라 어디로 가는지 모른다고. 종착역이긴 한데 한 번도 가보질 않아서 좋은지 나쁜지, 어떻게 생겼는지 아직은 모른다고. 그나저나 그동안 그대를 만나서 즐거웠다. 눈물도 고마웠다. 앞서거니 뒤서거니 기차는 달리는데 너는 아직도 손을 흔들지 않는구나. 뒤따라오겠다고. 다시 만나겠다고 그러는구나.

어차피 이별이라고 한들 손을 놓기는 아직 일러. 어차피 설움이라고 한들 미리 울기는 너무 슬퍼. 비록 가는 길이 다르다고 한들, 가는 길이 비슷하다고 한들, 네가 있어서 행복했어. 그래서 세월이 너무 빨리 갔어. 달빛을 바라보기 보다는 달빛 아래서 너를 품안 가득 안기 바빴으니까. 사랑은 갈증이라서 며칠 만나지 못하면 너는 상행선을 타고 멀어진다는 생각에 편지를 보내곤 했으니까. 차창에 스치는 얼굴이 안타까워도 그리워해야 할 모습이 서럽다고 한들 미래는 과거가 되니까 아직 그 곳이 어딘지 몰라. 모른다는 것을 안다는 것, 그 막연한 것만으로도 나는 그곳에 가도 되는 거야.

황금 분할

사랑을 만났을 때는
대낮에 빛나는 황금

사랑을 잃은 지금은
달빛에 야위는 백골.

물이 춤을 출 때가 있다. 불로 비등점이 지나게 되면 저절로 몸부림친다. 물이 끓는다는 말이다. 물이 끓으면 라면을 삶든지, 계란을 삶든지 아니면 불을 꺼야 한다. 잠시 정신을 차리고 불 조절을 하는 것도 끓는 물을 대하는 태도이다.

사랑하는 사이가 끓는 물과 같아서 서로가 서로의 열기로 몸이 뜨거워지고 달콤함이 절로 삶아진다. 딴 곳을 바라보는 여인의 입술에 자신의 입술을 지그시 갖다 대는 것도 비등점의 확인이다. 입 냄새가 싫지 않으니 사팔뜨기가 되지 않으려고 저절로 두 눈이 감게 되는데 여자는 청각을 통하여 환상을 꿈꾸는 속성이 있으므로 거친 숨소리에 잠기려고 눈을 감는 편인데 남자는 시각을 중시하는 족속이므로 과시도 해야 하므로 슬그머니 실눈을 뜨고 주변 경계도 마다하지 않는다. 뒤통수에 눈이 없어서 더욱 그러하다.

사람마다 입 속에는 이로운 세균과 해로운 세균이 득실거린다고 하지만 사랑은 맹목적이고 용감한 전통을 지니고 있는 혁명분자이기에 혀를 감추면서까지 침 섞기를 마다하지 않는다.

설령 세균이 번진다고 한들, 그때는 그때이므로 지금 이 순간, 절묘한 타이밍에 입술이 입술에 밀착하는 것은 어떤 불행도 감수하겠다는, 어떤 결과도 수용하겠다는 사전 서명이다.

그 결행으로 세균이 옮겨와서 중병에 걸리고 말았다는 후일담을 들어 본적이 없다. 다만 몹쓸 병인 상사병을 앓게 되어 만남이 잦아지고 점차적으로 은밀해졌다는 체험담을 들었을 뿐이다. 그 몹쓸 병도 세월에는 기력이 다하여 상흔만 아름답게 간직하게 된다.

어느 여자와 섬으로 나들이를 떠났다. 밀려오는 파도가 더 아름답다는 섬이다. 가면서 속삭였다. '그 섬에 가면 키스해 주겠다.'고 전혀 뜻밖이고 돌발적인 선언임에도 여자는 대답대신 눈을 곱게 흘겼다. 키스를 한다는 행위는 이성과 지성에서 감성으로 탈바꿈한다는 사랑의 초인종이다. 예를 들면, 천도의 불길로 구워낸 흙이 고려청자가 되는 이치와 같다. 끓는 물이 내뿜는 뜨거운 비명 소리와 무한으로 치닫는 물방울무늬를 눈여겨보라. 좀 저속한 문장이 되겠지만 엔도르핀이 팍팍 쏟아지는 기적을 맛보게 되리라.

막상 섬에 이르자 생각이 달라져서 키스하지 아니했다. 객관적으로 봐도 건강하고, 수입도 많고, 행복하게 잘 살고 있어서 내가 아니라도 키스해 줄 남자가 많을 매력적인 여자이기에 지나가는 농담으로 지우고 말았다.

그럼에도 문제는 내가 여자를 대동하고 모임에 가면 동행한 여자가 무척 돋보이는 모양이다.

여자가 여자를 볼 때는 별 볼일이 없는 여자를 남자들이 선호해서 그런지 여자들은 호기심으로 나를 바라보고, 남자들은 키도 작고, 중소기업 수위나 했으면 잘 어울릴 가난한 시인이 어떻게 이토록 매력적인 여자와 다니는지 내 여자를 유혹하려는 호시탐탐에 절로 긴장하게 된다.

사랑을 만났을 때는 대낮에 빛나는 황금
사랑을 잃은 지금은 달빛에 야위는 백골.

이토록 화력이 좋게 지켜서 깔끔하게 빚어낸 도자기와 닮은 시에 대하여 어설픈 문장으로 길게 허접을 떤 이유가 무엇이냐? 한 때는 나도 잘 나갔다는 자랑이다.

그러나 지금은 사랑을 자의반 타의반으로 떠나보냈다. 사랑을 잃어도 크게 아프지 않으니 늙음이 절로 느껴진다. 어디 사랑만 잃었겠는가? 사랑한다는 말을 이성간의 사랑이외는 사용해서는 곤란하다. 친구라면 좋아한다가 좋을 것이고, 자식들에겐 아낀다고 하면 더 좋다. 스승은 우러른다고 공경해도 좋을 것이다.

대등하면서도 대등할 수 없는 쌍둥이와 같은 직사각형의 절묘함, 국화의 꽃잎, 솔방울의 껍질이나 고대 그리스 건축물에도 특이하게 분할이 적용되는 것은 존재의 구분을 위함까지 아우른다는 의미로 황금분할이라고 한다.

아무튼 황금처럼 빛났던 대낮이 있었기에 달을 오래 쳐다보는 내 모습을 스스로 상기해 보면 달빛에 야위는 백골이 되었다 한들, 지금은 끓던 물이 식어서 평상심으로 돌아온 영일이다. 추억을 삶아낸 불꽃이 어딘가에 있을 것이기에 이 어둠이 마냥 두렵지는 않다.

인연

내가 조금 얼굴을 찡그려도
그대는 까르르 웃게 된다

그래서 내 눈길을 피하면서
유목민 딸처럼 하품하는데
잠옷 두 벌을 장만하는 나

그 아름다운 업보로 늙어서
꽃이던 그대는 바위가 된다.

이 시는 다름과 다름이 만나서 관계를 형성하면 어떤 현상이 나오는지 함축적 의미와 수미상관首尾相關을 염두에 두고 썼다. 이렇게 시가詩歌에서 첫 연과 끝 연이 서로 밀접한 관계를 맺으며 반복되는 구성법을 수미쌍관법首尾雙關法, 또는 수미상응首尾相應이라고도 한다. 첫 연을 끝 연에 다시 비슷한 음률을 배치하는 것은 의미를 강조하려는 표현수법의 하나다.

내가 조금만 얼굴을 찡그려도 그대가 웃는다는 반응은 서로 정서적으로 교감하고 있음을 함축한다. 원인에 대한 긍정적인 행로인 것이다. 그래서 첫 연은 발단인 서론에 해당한다.

그래서 내 눈길을 피하면서 하품하는 여인더러 유목민의 추장 딸이라는 암시는 배필로 맞아들이겠다는 함축미를 활용한 거다. 남자가 보는 앞에서 하품을 한다는 것은 무장해제의 은유이다. 그래서 평생 같이 살겠다는 의미로 잠옷 두 벌을 장만했다는 거다.

그러므로 함축적 의미란 상징이나 은유와 닮아서 의미망의 키를 쥐고 있다. 특히 시에선 말도 안 되는 외마디로 절절한 하소연을 대신하는 경우도 있고, 행동보다 앞장서서 상황의 전모를 유추하기도 한다.

첫눈에 반한 황홀경에 평생을 헌납한 그 아름다운 업보로 늙었으니 눈부신 꽃이던 그대는 향기로운 바위가 된다고 마지막 연을 수미상관首尾相關으로 결론지었다. 그러니까 본론인 가운데 연을 삭제해도 된다의 반복에서 함축미가 돋보이면 돋보였지 의미망이 찢어지는 것은 아니다.

내가 조금 얼굴을 찡그려도 그대는 까르르 웃게 된다
그 아름다운 업보로 늙어서 꽃이던 그대는 바위가 된다.

인연이라는 제목도 심심해서 붙인 것이 아니다. 물결처럼 굽이치고 여울지면서 살다가 인연이 닿으면 정착한다는 시의 전체 흐름을 함축한 거다.

제3부_
사실과 진실의 차이

꽃을 따러 왔단다

우리 집에 왜 왔니 왜 왔니 왜 왔니
꽃을 따러 왔단다 왔단다 왔단다

무슨 꽃을 따겠니 따겠니 따겠니
금자 꽃을 따겠다 따겠다 따겠다

금자꽃은 왜 따니 왜 따니 왜따니
금자꽃은 예쁘다 예쁘다 예쁘다

가위 바위 보.

우리 집에 왜 왔니 왜 왔니 왜 왔니
코를 보러 왔단다 왔단다 왔단다

누구 코를 보겠니 보겠니 보겠니
철수 코를 보겠다 보겠다 보겠다

철수 코가 어때서 어때서 어때서
철수 코는 귀엽다 귀엽다 귀엽다

가위 바위 보.

여자 아이들과 노는 것이 즐겁다. 그 이유는 잘 모른다. 남자아이들과 다르게 머리가 길고, 치마를 입고 마음씨가 착하고 겁이 많은 것 같다. 어울려 놀다보면 재미도 나고 묘한 호기심도 생긴다. 뭔가 알 수는 없지만 여자아이를 괴롭히고 울리고 싶거나, 맛있는 떡을 많이 주고 싶은 생각에 따로 불러내어서 떡을 둘로 나누어서 큰 쪽을 주고도 절로 콧노래가 나올 만큼 흐뭇하다.

놀이 중에 '우리 집에 왜 왔니'가 호기심을 유발한다. 양쪽으로 편을 나누어서 같은 편끼리 양팔을 길게 잡고 '우리 집에 왜 왔니 왜 왔니 왜 왔니?'라고 선창을 하면 상대팀은 노래에 맞추어 밀려나갔다가 다시 노래에 맞추어 밀려오면서 '꽃을 따러 왔단다 왔단다 왔단다.'라고 합창을 한다.

그런데 가사가 절묘하다. 팀의 응원 속에 호응을 받으면서 내가 꽃을 따려고 남의 집에 갔다는 거다. 그것도 공개적이다. 가사를 받은 쪽에선 기다렸다는 듯이 '무슨 꽃을 따겠니 따겠니 따겠니?' 리드미컬하게 물으면 '금자 꽃을 따겠다 따겠다 따겠다'고 구성지게 화답한다. 와, 예쁜 금자 꽃을 따겠단다. 내가 저 쪽에서도 금자만 눈여겨보는 줄도 모르고 금자는 신명이 났는지 놀이에 흠뻑 빠져서 신나게 발을 들었다 놓는 춤사위도 마다하지 않는다. 그러면 맨 끝에 있는 상대끼리 마주 서서 가위 바위 보를 한다. 지면 상대편으로 가야 한다. 그러다 보면 숫자가 많은 쪽이 많은 만큼 가위 바위 보를 많이 할 수 있어서 이길 확률이 높다.

그러니까 '꽃을 따는 놀이'는 옛날 부족사회에서 남녀가 모여서 흥을 돋우는 집단 행위의 축소판처럼 느껴진다. 하지만 더 재미나는 놀이는 소꿉장난이다. 금자는 나하고 가끔 소꿉장난을 즐기는 사이라서 크면 결혼도 할 수 있다고 다짐할 만큼 아주 친하다.

그런데 이 시가 여기서 끝나면 표절이 되고 말기에 잔머리를 굴려서 남자 아이의 코를 보러 왔다고 이절을 꾸렸다. 코흘리개 코나, 들창코나 어릴 적은 콧등이 낮아도 귀엽기만 하다.

이 놀이를 모임에 간 어른들이 어린 시절, 숨바꼭질을 했던 추억을 상기하면서 가슴에 이름을 크게 써 붙이고 놀아보는 것도 재미있을 거다. 돈이 없어도 풀과 돌멩이만으로도 살림을 잘 살았던 소꿉장난으로 유년시절을 보낸 아이들이 자라서 결혼하고는 인형이 애기가 아닌 진짜 자식을 낳고는 가정을 꾸리고 있으니.

득음得音

그대도 아픈가?
가끔은

통했는가?
아직은

내 시혼을 간직하겠는가?
아뇨

사무쳤으니 울어도 좋은가?
글쎄요.

득음이란 깨달음이다. 깨달음은 선험이다. 그러니까 경험을 했음에도 잘못한 것을 알아차리지 못하면 어리석음이다. 그래서 뉘우침보다 깨우침이 백배 낫다. 뉘우침은 느긋하게 되새겨보는 도중에 아차, 싶어서 아니다 싶어서 알게 되는 것이고, 경험을 하면서 제대로 알아가는 것이 깨우침이다. 하는 일이나 뜻이 잘 되고 있는지 여러 가지로 궁리하는 도중에 올바른 방법을 터득하게 되는 과정도 깨우침과 같다.

남녀의 사랑도 이와 같다는 설정으로 대화를 이끌어본 적이 있다. 단둘이만 좁은 방에 마주 보고 앉아서 은근하고도 집요하게 물어보았다.

"그대도 아픈가?"

그랬더니 의아했는지 왜 갑자기 그런 생각을 했느냐고 반문을 했다. 당연히 의아했겠다. 그래서 대답만 하고 토는 달지 말라고 심각하게 이르고는 시를 완성시켜야 하므로 대답을 하라고 어르고 달랬다.

"가끔은"

원하는 대답은 아니지만 감기 잘 걸리는 체질이라는 뉘앙스가 절로 풍긴다. 거듭해서 질문했다.

"통했는가?"

"아직은"

여기서 통했느냐는 저의는 나를 영원히 사랑해야 한다는 다짐을 의미한다. 또한 오직 나의 아바타가 되길 바라서 용의주도하게 건넨 질문임을 직감했는지, 아직은 아니라고 또렷하게 대답했다.

점점 섭섭했지만 워낙에 나를 사랑해 주고 오로지 사랑하는 여자라서 구체적인 사안을 제시했다.

"내 시혼을 간직하겠는가?"

20대에 평생 시인으로 살기로 맹세하고 70에 이르도록 1,000편의 시를 발표했다. 그러나 대답은 엉뚱했다.

"아뇨"

그럼에도 불구하고 대뜸 아니라는 거다. 약간 충격을 받았다. 이토록 눈치 없는 여자하고 어떻게 사랑을 나누었는지 어안이 벙벙하다. 하기야 사랑이라는 것은 잘못된 만남이 잘된 만남이 되는 속성을 가진 별종이다. 그래서 '사랑은 미완성이 완성'이라는 어록이 찬란하다. 내친김이라,

"사무쳤으니 울어도 좋은가?"

"글쎄요"

이쯤 되고 보니 시가 시시한 말장난이 되고 말았다. 헤어질 밖에 다른 방도가 없음을 깨달았다. 그동안 사랑이 온전한 사랑이 아님을 뉘우쳤다. 그동안 넘치는 기쁨도 착각임을 깨우쳤다.

비록 농담이라고 한들 대답으로 바라는 바는 전부 '예' 할 것으로 믿었다. 그래야만 동병상련同病相憐이라고 내가 아프면 자신이 더 아프다는 관계가 형성되며, 오직 통했으니 하나임을 증명하는 것이므

로 내 시혼을 전할 수 있어 먼 길을 먼저 가야 할 나나, 먼 길을 배웅할 그대도 충만한 기쁨을 간직할 수 있으니 서로 부둥켜안고 소리 내어 실컷 통곡해도 된다는 득의만만을 전면적으로 부정한 시가 되고 말았다. 그러나 어쩌랴, 아직은 득음의 경지가 아니므로.

소금 꽃

수건을 목에 걸고 거울을 보며
웃으면서 땀을 닦아본 적이 있는가

땀을 닦고서 막걸리 마시고
입술 핥으며 멸치를 씹은 적이 있는가

뒤뜰 우물을 대야에 퍼서 몸을 씻고
마루로 올라와서 저녁상을 받으라고

화장을 지우고 속치마를 곱게 개는
그런 여인이 있었던가 이제 없는가?

충청도 어느 시골에 문학단체가 문학기행을 갔다. 나는 시를 특강하게 되어 있어서 혼자 갔다. 방도 따로 배정 받았다. 나누어준 수건을 목에 걸고 화장실에 가서 거울을 보다가 문득, 목수건을 걸고 거울을 보며 땀을 닦아본 적이 있느냐는 시상이 떠올랐다.

시의 첫줄은 신이 준다고 했으니 놓치면 안 되니까 얼른 핸드폰을 꺼내고는 나머지 연을 잇고는 소금 꽃이라고 시를 완성했다.

바닷물의 농도에서 소금은 0.3%인데 그 정도가 대륙보다 거대한 해양을 썩지 않게 한다는 거다. 겨울 바닷바람에 등 굽은 소나무 솔잎을 자세히 보면 희부연 소금기가 묻어 있다. 눈꽃처럼 생각하고 '소금 꽃'이라는 제목을 쓴 거다.

인간에게 소금은 어떤 역할을 하는 걸까? 쉽게 말하겠다. 땀이 있고, 눈물이 있고, 오줌이 있다. 인간도 바다에서 진화했으므로 물이 많은 생명체로 몸에 염분이 많으면 살기 곤란하다. 그래서 땀은 소중하다. 눈의 건강을 위해서 눈물도 소중하고, 신장 기능을 원활하게 하기 위하여 오줌도 중요한 배설물이다.

시의 행로를 밝힌다면, 수건을 목에 걸고 땀을 닦으면서 막걸리를 마시고 입가에 묻은 거품을 혀로 핥고 나서 안주로 멸치를 씹게 된다. 해가 지고 어스름해지면 서로 맨살을 닿게 될 여인이 술 그만 마시고 몸을 씻고 차려놓은 저녁을 드시라고 곱게 투정을 부린다.

글의 흘러가는 수순으로는 내가 만났던 여인들은 틈틈이 내가 보는 앞에서 루주를 바른다고 말하려다. 이래야만 사실감이 뚜렷해지고 시 또한 스토리텔링이 뒷받침하게 되어 감칠맛이 더하므로 남자보다 먼저 준비하느라고 화장을 지우고 몸을 씻는 여인이 있었다고 술회하면서 추억을 상기하는 거다. 그러니까 저녁 먹고 난 후에 할 일이 없으면 저녁 먹기 전에 씻는 것이 당연하다.

 이 시는 4연 8행으로 수를 놓은 형태를 취했다. 물론 기승전결을 차용했다.

 수건을 목에 걸었다는 인식이 기起로 발단이 되어, 농사일을 마치고 땀을 닦으며 막걸리를 마신다는 이음새가 승承이다. 뒤뜰 우물을 대야에 퍼서 몸을 씻고 마루로 올라와서 저녁밥을 먹으라는 여인이 나타나는 대목이 전轉이다.

 전이라는 한자를 보면 잘 가던 수레가 뒤집어진 꼴을 하고 있다. 사건이 발생한 거다. 그래서 마무리를 하느라고 화장을 지우고 속치마를 곱게 개는 그런 여인이 있었느냐고 결結을 이루었다.

 아무튼 건강을 위해서 땀과 눈물과 오줌은 잘 배출해야 한다. 땀이나 눈물이나 오줌을 맛보면 짜다는 느낌이 확 온다. 소금이 녹은 거다.

엽전 타령

마님,
강을 건너려면 쇤네 등에
업이셔야 하는데 어쩌시렵니까?
남이 볼까 남세스럽구나
그냥 돌아가자
하오면 여기까지 왔어도
강 건너 꽃구경은 없는 겁니다
나는
마님이 방문 닫는 걸 보고나서
행랑채에서 새끼줄을 풀다가
낮잠이나 자겠으니 그리 아슈.

엽전은 조선 시대에 쓰던 화폐다. 더하여 서민들이 주로 쓰는 화폐라고 생각하면 엽전에 대한 애환이나 희열이 넘칠 것인 즉, '엽전 타령'이라고 제목을 붙인 이유가 따로 있다.

서민들의 행복은 엽전의 유무에 따라 사연이 장장하니 돈 때문에 울고 웃는다는 의미를 간략하게 나타내느라고 '엽전 타령'이라고 했음이다. 그러니까 이 시는 조선 시대의 어느 양반 댁의 일상 중에 시적 모티브를 얻을 수 있는 상황을 설정하고 종놈의 푸념을 시로 차용했다.

시를 쓴 나는 조선시대를 살아본 적도 없고, 종놈일 수도 없지만 순전히 상상의 산물이다. 사극을 즐겨본 기억을 더듬어내고, 시대 소설을 시리즈로 읽은 기억도 찾아내서 표출했다. 다만 소설이나 사극 시나리오를 쓸 만큼 영리하진 못해서 기억의 편린을 응용해서 겨우 조선시대를 배경으로 해학 시를 썼다고 해야 어순이 맞는다.

강에도 여울에 따라서 깊은 곳이 있고 얕은 곳이 있다. 종아리 정도의 깊이라면 마님을 업고 넘어도 되는 거다. 아무리 강을 건너야 하기로서니 마님을 덥석 업으면 곤장 맞을 짓이므로 뜻을 물어본 거다.

여기서 '남이 볼까 남세스럽구나 그냥 돌아가자'의 시어는 대화체이므로 따옴표 ""에 넣어야 하고 문장이 끝난 곳엔 마침표도 찍어야 하는데 시어로 활용한 경우에는 마침표를 원칙대로 찍어서는 곤란하다. '남세스럽다'는 '남우세스럽다'의 줄임말로 남부끄럽다는 뜻인데 부끄러움을 무릅써야만 별천지 꽃구경도 할 수가 있다. 시의 흐름으로 보아, 외간 남자를 은밀하게 만난다는 메타포가 숨겨져 있는 상황이다.

한양으로 돈 벌러 간다고 떠난 서방은 해가 바뀌어도 온다는 소식이 없으니 금년 만화방창 봄부터는 마님도 춘정을 참지 아니하겠노라고 집을 나섰건만 그냥 돌아가겠다는 상황이다. 이것은 천만다행인 상황이지만 종놈은 어찌하여 심통이 난 걸까?

자신의 등에 올라탔다는 사실부터 외간 남자를 만난 증거까지 다 자신에게 이로운 일인데 그것이 무산되는 지경이라서 푸념하는 거다. 그러니까 종놈 등에 자주 업힐 수도 없는 거고, 외간 남자 만남도 어쩌다가 한두 번이 아니겠는가. 그러므로 구름 사이로 달이 숨어들 때 강가나 거닐겠다고 하게 되면 종놈이 대리역할을 하게 되고, 비밀 보장을 조건으로 은화까지 덤으로 받게 되니 '꿩 먹고 알 먹고'라는 속담을 실현할 예정이 어긋나서 자신의 호칭을 비하하여 '쉰네'라든가, 저라고 해야 함에도 나는 이라고 대놓고 불만을 터뜨리고 있다.

방문을 닫는다는 것은 춘정을 버리겠다는 다짐인 거고, 새끼줄을 풀겠다는 것은 반항심이고, 낮잠을 자겠다는 뜻은 밤중에는 잠 안 자고 뜰 앞을 어슬렁거리겠으니 그리 알아 달라는 암시인 거다. 이 암시가 해학을 형성하면서 메타포도 지니게 되는 거다.

지금도 서민들은 만 원짜리라도 다발로 받아 두툼하면 입이 귀에 걸린다. 그런 월급봉투는 별천지에서나 생기는 횡재인 것이다. 조선시대 서민들은 엽전 꾸러미가 무거워서 등에 지고 갈 지라도 꾸러미가 많으면 마냥 신명이 났다. 지금의 고액 수표, 조선시대에는 금화나 은화, 그리고 금궤의 위용은 시대를 초월한다. 엽전 타령을 부르는 서민들의 애환이나 사연, 거기에서 발생하고 지워지는 희비쌍곡선이야 말로 사람 사는 맛이다.

바다 풍경

몸매 가냘픈 여인이
한참 동안 수평선을 바라보다가
장미꽃다발을 바다로 던져버린다

물결에 부서지는 꽃송이들
장미를 선물한 사람과의 이별
장미와 파도는 잘못된 만남

몸통보다 날개가 긴 갈매기가
먼 섬을 바라보는 얼굴로
내 낚싯대를 스칠 듯 날아가고

물결 출렁이는 방파제를 거닐던 여인도
노을 지는 해변 풍경 속으로 멀어지고
수평선 위로 어둠이 쌓여
집어등이 눈을 뜨는 물결이 일렁인다.

사람이 없는 바다는 무슨 의미가 있는가? 그냥 자연인가? 사람이 있어야 바다의 정황을 전개하게 되므로 몸매 가냘픈 여인을 등장시켰다. 몸매가 가냘프다는 표현은 주관적인 개념이긴 하지만 통상적인 느낌으로 이해하면 별 문제는 없다. 가냘픈 몸매를 지녔으니 그만큼 젊거나, 식탐이 없는 여인을 암시하려는 의도는 그녀에게도 사랑하는 남자가 있음을 의미하고, 그 사랑의 상황이 어떤 과정에 있는지 말 대신 영상으로 나타내는 형식으로 바닷가까지 장미 꽃다발을 들고 와서 한참 동안 수평선을 말없이 바라보다 장미꽃다발을 물결 위로 던져버린다고 서술했다. 어쩌면 바다를 바라보는 동안 눈물을 삼키고 있었는지는 잘 모르겠다.

　인하여, 이곳 바닷가의 물결 위로 때 아닌 장미 꽃다발이 잠시 떠서 물결에 부서진다. 장미와 파도는 잘못된 만남인가? 사랑의 배신을 절교로 선언한다는 의미가 깔려있다면 장미꽃다발은 상관매개물이 된다. 어떤 배도 바다에선 순항하거나 여유롭게 떠 있어야 정상인데 잠수함 어뢰의 공격에 불에 타고 있거나 폭풍우에 뒤집혀서 어부들이 익사하는 현장은 바다와 배가 잘못 된 만남이다. 이 잘못된 만남은 절대로 있어서는 안 되는가? 그리하여 비극이 전혀 없는 삶이라야 인간이 원하는 이상향에 도달하게 될 것인가가 궁금하다.

　갈매기는 날개가 몸통보다 더 길다. 당연히 갈매기도 잘 살아야 하므로 생명을 위한 진화로 유선형 모양이나, 크기, 부리, 색이 그리된 거다.

갈매기는 바다 태생이므로 방파제 위로도 유유히 날고 있다. 한창 좋은 물때라서 서둘러 낚싯대를 뒤로 눕혔다가 느닷없이 던지는 나의 행동에 먼 섬을 바라보는 얼굴로 내 머리 위로 날아가던 갈매기가 화들짝 놀라서 소리 지르며 날아간다고 상상해보라. 이런 스토리텔링이 없으면 무슨 재미로 세상을 살 것인가.

바람이 조금 세게 불어 파도가 거친 날마다 황돔이나 돌돔이 부서지는 파도에 정신을 잃고 무더기로 떠오른다면 무슨 재미로 낚시를 하겠느냐는 거다. 갈매기도 나도, 장미 꽃다발을 던져버린 저 여인도 목숨은 하나뿐이라서 행동 하나에도 조심하거나, 그리 하거나 하면서 매 순간 선택하는 쪽으로 몸을 옮기게 된다고 이 시는 영상미를 추구하고 있음이다.

날이 저물어가자 방파제를 거닐던 여인도 피곤했는지 백미러로 머리칼을 매만지더니 차를 타고 어디론가 떠나버리고 나도 어둠이 내리는 수평선에 꽃처럼 돋아나는 집어등을 바라보며 오늘은 헛고생했다고 중얼거리면서 빈 낚싯대를 접고 부지런히 집으로 갔다.

사람의 사랑

삶을 두 개로 나누면
사람이 된다
꽃 진 자리에
열매가 열리듯이
그러므로 사랑을
하나로 모우면
신이 된다
과육에 씨가 있어
씨앗이 땅에서 솟아나듯이
사람은 삶을 사랑하므로
사람이 신을 따르는 것은
땅이 뿌리를 지키듯
열매는 썩어서 조용히 사라진다.

신문에 'ㅅ'에 대한 단어로 칼럼을 쓴 적이 있다. 'ㅅ'이 들어간 단어는 소중한 뜻을 담은 시적 어휘들이 많아서 내심 반가웠다. 우선 시부터가 'ㅅ'으로 수필과 소설은 물론이고 외래어인 시나리오도 'ㅅ'이다. 내친 김에 국어사전에서 'ㅅ' 권역을 찾아보았다.

사귀다도 있다. 사귐을 재미나게 풀어보면 남자의 귀 두 개, 여자의 귀 두 개를 합쳐서 사귀를 뜻하고, 속으로 깊이 사귀려면 속삭여야 한다고 서로 마음을 새긴다고 심도 있게 펼치기도 했다. 더하여 오래 사귀려면 마음을 삭혀야 한다는 의미도 넣었다. 마음 씀씀이가 항상 너그러울 수는 없는 것이어서 속도 좀 썩어봐야 서로를 알게 되는 거니까.

생긴다는 의미로 새로 나오는 것이 새싹이고 자라서 실하게 열매를 맺으면 씨가 되고 또 그 씨가 씨앗이 되어 솟아나는 이치가 살다로 이어진다.

살다를 줄이면 삶이 되는데 삶이란 무엇이냐고 물었을 때, 삶은 계란이라고 대답한 사람도 있다. 나는 삶이란 단어를 오래 들여다보고 알았다. 삶이란 사람을 줄인 말이라는 것을. 그렇게 살면서 사랑하다가 싸우다가 조용히 사라지는 것이 인생이런가.

'ㅅ' 음은 소리를 쉬쉬하라는, 살금살금 하라는 그런 다양한 목소리를 간직하고 있는 느낌이 든다. 사글사글하다, 슬그머니 생글거리다, 쌔근거리는 표현도 다 시적이다. 사그라지다. 사납다. 사르다. 싸우다. 쌓다. 삼키다. 새기다. 새삼스럽다. 썩다. 숨기다. 쓸쓸하다. 슬프다. 쉬다. 쓰러지다. 시다 .시원하다. 싱겁다. 시리다, 싱싱하다, 깨끗하게 씻는 것도 신물 나게 씹는 것도 'ㅅ'의 매력이다.

명사 군으로는 사랑, 사람, 사망, 쌀, 새, 소나기, 소금, 술, 시골, 씨름, 쌍, 생사. 서리. 석가모니. 소. 사자. 사슴. 쓸개, 싸움 등이 있는데, 그 중에 하고자 하는 마음을 나타내는 말이라는 '싶다'가 내 마음을 싱숭생숭하게 만든다. 예를 들면 '배고프다'는 뜻은 '제 때에 먹질 못하여 배가 고달苦達에 이르렀으니 괴롭고 싶다'는 그런 메시지가 숨어 있다. 그래서 슬픔도 쓸쓸하고 싶음이 줄어든 말인 것이다.

삶을 두 개로 나누면 사람이 된다고 했으니 신을 두 개로 나누면 시인이 될까? 그건 아니다. 꽃 진 자리에 열매가 열리듯이 사랑을 하나로 모아야 서로를 지켜주는 신이 되는 거다. 과육에 씨가 있듯이 사람은 삶을 사랑하므로 신의 뜻에 따른 일이므로 땅이 뿌리를 지키듯 그렇게 살다가 사라지는 거다.

이왕 재미나게 시를 풀이하는 거, 더 재미나게 풀이하면 얼마나 좋으랴만 시가 이 모양이니 이쯤에서 쓰기를 마치련다. 다만, 서양에서도 'ㅅ' 음의 매력을 알고 있는지 우리의 '씨를 넣는 입'에 맞먹는 섹스(sex)가 있음에 절로 신이 난다.

야생고양이 눈동자

유리창에 야생고양이 그림자
열린 수도꼭지 물을 타고
달아나는 동물성 비누 냄새
목이 가느다란 여자가
목이 굵은 남자 등에 기대어
"자기 즐거웠어?"라고
비음이 섞인 소리를 낸다
지붕 위를 건너가는 야생고양이
"야생고양이는 날렵해."라고
남자가 나직이 대답했다
날렵하다는 것도 주관적인 상상
몸을 문지르면 열이 생긴다
서둘러 옷을 챙겨 입은 여자가
"고기국수 삶아 줄까?" 하니까
남자가 좋다고 대답하고는
"야생고양이 희한하게 생겼지?"

사색이 꼬리를 무는지
흙은 부서진 바위
석탄은 죽은 나무의 시체
영혼은 떠도는 구름
유리창은 노을을 잠시 적시고
베개가 겹쳐진 침대 모서리엔
보드라운 고양이털이 남아 있다.

삶이란 주어진 환경과 여건에서 행동하는 사건의 표출이다. 삶을 증명하는 형식으로 예술이 있다. 영화나 연극, 클래식 음악과 유행가, 시나 노래도 사건이나 사연으로 남겨진 기간이나 공간을 창의적으로 복제하고는 관객들에게 전하는 행위이다. 물론 미술이나, 무용, 스포츠도 전시와 공연과 경기를 통하여 일정 부분을 감상으로 공유하게 된다.

시작법도 그와 같아서 일정한 공간을 확보하는 것이 원칙이다. 가령 야생고양이에 대하여 시를 쓰려고 하면 고양이에 대한 내용을 불러 모아야 한다. 동그란 고양이 눈이라든지, 보석처럼 투명한 눈길이라든지, 가시 같은 고양이 콧수염, 쫑긋 새운 고양이 귀, 깔끄러운 솜털이 돋아있는 고양이 혀나 날카로운 송곳니를 나열하면서 서술문장을 만들어 가는 거다.

물론 관념적인 가상도 언어라는 자료에 의해 예술 공간을 구체화할 수가 있다. 삶이란 사실의 소명을 지켜보는 보람찬 과정이면서도 진실을 추구하려는 의지 또한 삶의 즐거움이다.

기억에 남는 영화로 1956년에 만들어진 하이눈(High Noon)이 있다. 영화는 남자 주인공이 결혼하면서부터 시작된다. 악당들이 정오에 기차를 타고 마을로 온다는 전보에 신혼여행을 유보한 보안관을 중심으로 1시간 30분 남짓의 시간 동안 벌어지는 사건을 시간순으로 배열하여 클라이맥스로 향한다.

서부극이지만 작은 마을의 사건을 일목요연하게 표출하여 심리적인 갈등을 극대화 시켰다는 평이다. 악당을 물리치는 남자 주인공 게리쿠퍼의 사격솜씨는 명사수로써 손색이 없었다. 여자 주인공인 그레이스 켈리를 눈여겨보면서, 세상이 이토록 아름다운 여인이 있나 싶어서 공연히 가슴 설랜다.

며칠 전에 우연히 인터넷을 검색하다가 '미스 쥴리'라는 영화를 보게 되었다. 보는 내내 긍정적인 긴장으로 감동을 먹었다. 귀족과 하인의 관계, 남녀의 성애, 편견을 진리로 받아드리라는 메시지가 강했지만 거부감을 거부할 만큼 연극으로 더욱 빛을 발한 수작이었다.

하이눈(High Noon)이 일정한 시간에서 벌어진 사건을 보여주었다면 '미스 쥴리'는 일정한 공간에서 벌어진 사건을 보여준 작품인데 '야생고양이 눈동자'는 도대체 무슨 주제로 썼단 말인가?

시인마다 시작법 스타일이 따로 있게 마련인데 나는 기승전결 차용을 필두로 영탄과 영상, 점층과 대구, 해학과 역설 따위를 즐겨 활용하는데 솔직히 이 시는 언어유희를 빙자한 수준미달의 시다. 다만 누구나 부여받은 시간에 그들만의 공간에서 특별한 행위가 사건이거나 축제이거나 하기 나름인데 밤은 누구에게나 공평하므로 역사는 밤에 이루어진다는 생각이 들어서 흙은 부서진 바위이며 석탄은 죽은 나무의 시체나 다름없으니 영혼은 떠도는 구름이라고 설정하고는 그 알리바이를 위하여 베개가 겹쳐진 침대 모서리엔 보드라운 고양이털이 남아 있다고 마감했다.

홍시

나는 왜 태어나서
살다가 죽어야 하는가?

풍경이 찬바람에
몸서리칠 때
거기 매달린 물고기 추가
물고기로 보이더냐
쇠붙이로 보이더냐

돌로 불상을 만들어서
향을 올렸을 때
인자하게 웃고 입술이
돌로 보이더냐
부처로 보이더냐

나는 나 혼자만
홍시를 먹을 때가 좋았다.

너를 대할 때 나는 무엇이 되어야 하느냐보다 어떻게 대해야 옳으냐? 옳다는 의미보다는 무엇을 주어야 하느냐가 관건이다. 그냥 옆에만 있어도 좋을 때가 있다. 그때는 그가, 그녀가 서로에 대하여 원하는 것이 그냥 옆에만 있어도 좋은 경우이다. 혼자는 외롭다. 그리고 두렵다. 그래서 둘이가 좋은 거다. 둘은 서로 좋을 때가 많다. 안아보면 안다. 한 아름이다. 품어보면 안다. 오직 그곳과 그곳의 접속이다. 최소의 관계로 최대의 풍요를 누릴 수 있음이다.

산사에 겨울이 오면 처마를 파고드는 동풍은 맵다. 풍경이 갈팡질팡 철사에 매달린 채 갈피를 잡느라고 몸서리친다. 물속에 살라고 눈꺼풀이 없는 것을 잠이 없다고 착각하여 물고기가 경전공부에도 졸음 없이 용맹 정진할 것으로 얄팍하게 짐작하여 쇠붙이 물고기 추를 매달았으니 관점에 따라서 시드는 단풍도 서럽다.

부처가 눈앞에 나타나면 좋겠다싶어 물로 불상을 만들 수 없어서 돌로 불상을 만들었다. 제사상에 올리는 돼지 머리에 두 손 모아 절하듯 성심을 다하여 향을 올리고 참배를 하면 그 돌은 불상이 되는가? 아직도 돌일 따름인가?

구름엔 그림을 그리지 못하여 종이에 그림을 그린다. 종이에 그리지 아니했더라도 마음에 그리는 실체가 있으면 그것이 곧 실체인가? 실체가 있어도 실체가 아니라고 하는 나는 실체가 없다고 해도 되는 것인가?

나는 나 혼자만 홍시를 먹을 때가 좋았다. 떡도 나 혼자만 실컷 먹어야 마음이 흡족하였다. 내가 하고 싶은 대로 할 수 있어야 기분이 좋았다. 아픈 것이 싫었고, 미운 사람이 싫었고, 더 먹고 싶어도 참아야 하는 것이 짜증스러웠다. 나는 나 혼자만 홍시를 다 먹고 입을 닦을 때가 가장 흐뭇하다. 사랑하는 여자와 말없이 숨결 나누며 밤을 보내는 일이 즐겁다.

죽는다는 사실은 두렵다. 늙는다는 것이 죄 없이 벌 받는 것 같아서 억울했다. 죽어갈 때 고통스러울 것을 생각하면 기분이 언짢아진다. 이미 죽을 정도로 아파봤으면서도, 죽음보다도 더 깊이 마취 상태에서 하루를 무의식으로 보낸 체험도 했음에도 닥쳐올 때마다 새삼스러운 것이 괴롭다.

겨울이 와도 돈이 많아서 난방 걱정 없었으면 좋겠다. 산사 처마에 매달린 풍경이 무슨 대단한 거라고 조잔하게 신경 쓰기 싫다. 돈이 많아서 당당하게 불전 함에 공양을 하고 경건한 표정으로 조심스럽게, 우아한 태도로 느리게 부처님께 합장배례하고 싶다. 부처님 슬하에 엎드리고는 금박을 입힌 불상이라든가 돌로 만든 조각품이라든가 이런 불손한 생각은 하지 않으면서도 장수비결에 지대한 관심을 가진 내가 되려면 나는 돈이라도 많아야 한다. 그래야 나는 외관상으로는 겸손한 인간성을 지니게 될 것이다.

홍시라도 많이 열려야 까마귀도 먹고 까치도 먹고 우리도 먹는다.

석별의 문

석별의 문이 크고 무겁다 함은
감당하기 어렵다는 의미이지
한 번 열면 크게 여니까
닫히지 않은 채 녹이 슬어
바람이 드나들긴 하지만
그건 바람이 아니고
밤을 밝히는 한숨소리
석별의 문은 열리면 닫히질 않아서
세월이 잡초를 키우지만
잡초도 꽃을 피우기에
영영 열린 문에서 바라보는 달빛이지.

이 별을 지구라고 말한 사람이 있다. 그 사람은 시적 감각을 지닌 사람이겠다. 그도 그럴 것이 우리의 만남과 이별은 지구 안에서 이루어지니까. 쉽게 만나서 헤어지기 어려운 경우가 있는가 하면, 어렵게 만나서 쉽게 헤어지는 경우도 있다.

어찌되었든 서로가 이별을 눈앞에 둔 상태는 마음이 무거운 것은 사실이다. 그러나 무겁다고 쉽게 단정할 수도 없다. 내심 배신을 가장한 이별도 있으므로 오히려 마음의 짐을 덜게 되었으니 이별을 눈앞에 둔 상태는 홀가분할 수도 있는 것이 지구에서 벌어지는 희비쌍곡선이다.

이별 중에 석별은 더 서럽다. 애석한 이별이라서 그렇다. 헤어져선 안 되겠지만 만나서도 안 되는 그런 상황에서 벌어지는 슬픈 긍정이므로 석별의 설정은 선한 마음으로 출발한다. 말하자면 이별을 감지한 사람끼리 공감대를 형성한 눈짓이라고나 할까, 그래서 석별의 문은 크고 무겁다고 설파한 거다.

석별은 영영이라는 홀로 멀리 떠나는 여행과 같아서 다시라는 언약이 없는 경우가 태반이다. 그걸 알기 때문에 감당하기 어렵다고 했고, 석별의 문은 한 번 열리면 크게 열리니까 쉬이 닫히지 않은 채 녹이 슨다고 했음이다.

닫는다는 것은 눈을 감는다는 것, 다시는 보지 않겠다는, 문은 문대로 닫히면 그만이기에 다시 돌아올 수 있도록, 문밖을 내다볼 수 있도록 마음은 항상 문을 열어둔다는 의미로 바람 같은 것이 드나든다고 했음이다. 이별로 별리를 겪고 있는 사람들과 달리 석별을 나눈 사람들은 겉으로 보기에는 멀쩡해 보여도 오래 전에 웃었던 웃음을 떠올리고는 슬그머니 웃다가 어둠이 드리운 창가에서 한숨을 내쉬는, 어찌 보면 세월이 데리고 간 사람들이 남긴 유언 같은 것이다.

슬픈 시라 한들 새벽이슬 같은 영롱함이 있어야 하는 것. 석별의 문이 왜 닫히질 않는지 알았으니 마음을 추스르고 밤길을 거닐면서 다시는 그런 세월이 없다고 스스로 석별의 문을 이별이라고 닫아야 하리라.

이별 많은 세상, 그 세월이 지나면 잡초나 다름없는 추억이나 키우지만 나를 돌아보게 하는, 내가 떠나고 난 뒤 남겨진 것들이 황홀한 슬픔이 되거나 목마른 그리움이 되어서 너의 마음에서 살던 나를 오롯이 전해 준다면 저기 쓸쓸하게 누워 있는 나는 오래도록 잠들어 있어도 좋으리. 지구에서 벌어지는 인연은 꽃을 피우고 씨앗을 품는 동안 나도 형편없이 늙어가지만 내가 모르는 창문 너머 초승달이 뜬다.

낡은 사진

내가 사진으로 웃고 있다
어떻게 웃고 있느냐 하면
사진으로 웃는 그대로 웃고 있다
그대 손을 잡았다가 놓았을 때
잠시 느꼈던 감촉처럼
내가 사진에서 웃고 있다
물결 위에 일렁이는 내 허상
내가 찬찬히 들여다보고 있어도
낡은 사진처럼 웃어보아도
세월은 흐르고 나는 사라진다
잠시 애절한 노래를 불렀듯이
잠시 동안 노래가 들려오듯이
시간이 죽은 공간에서 지워지고
나는 평면 사진으로 웃어도
이름만 남은 채 대답 없는 나.

세상아, 내가 이토록 절절하게 살아도 괜찮은 거냐? 귀찮은 거냐? 70년이 넘도록 잘 살고 있다. 태어나서 어머니 젖을 먹고 쌀죽을 먹고 밥을 먹고, 물을 마시고 술을 마시면서 여태 잘 살고 있는데 앞으로 세월이 가므로 언젠가는 이 세상을 떠난다고 하니, 울컥 세상살이가 서러워진다. 도대체 내가 어디서 왔기에 또 어디로 가야 한단 말인가. 안 가고 싶은데도 가야만 한다니. 지금이라는 사실도 과거로 흘러가야하므로 곳곳이 간이역이다.

내가 없는 이 세상, 아무렇지도 않기에 유유하게 미래로 향한다는 거다. 미리 아쉬움을 품고는 시를 쓰거나 지금이 가장 젊은 시절이라고 기록으로 사진을 찍으면서 웃어도 그냥 웃는 형상일 뿐, 실제의 나는 아닌 거다. 사진에 몰두한 잠간 동안만 위로가 되는 걸까, 그대 손잡았다가 놓으면 잡았던 그 순간의 감촉만 사진 평면처럼 관념으로 남는가.

이것이 무슨 대단한 유물이라도 되는가? 유리창에 비친 내 모습이나 물 위에 일렁이는 내 그림자나 다 색의 착각에서 비롯된 허상일 뿐이기에 지나고 나니, 다 꿈과 같아서 견디고 나니 허망하여서, 버림받고서 오래 잊고 나니까 잠시 애절한 노래를 불렀듯이, 잠시 동안 노래가 들려왔듯이 산기슭을 돌아서 기차는 기적소리를 남기고 멀어져 간다.

죽어서 가는 길이라 얼마나 먼 길인지는 모르되 가야 한다니까 관심이 가는 것 어쩔 수 없다. 죽는다는 것은 멀리 가는 것이라고 갈파한 시인이 있다. 얼마나 멀리 가는 거냐고 물었던 나, 다시는 찾기 어려울 만큼 아주 멀리 가는 거라는 말, 공감한다. 설령 이 세상에 다시 온다고 해도 전생은 깡그리 잊어야만 가능한 천상의 조건 따라 나를 사람으로 만나서 자주 마주치는 데도 그냥 막연한 그대의 표정에 나는 할 말을 잃기도 한다.

사진은 삼차원 영역을 대신해서 보관하기 좋게 2차원으로 구성되어 있다. 그러니까 평면에 깃든 내 모습은 기실 내가 아님이 분명하지만 편의상 내 사진이라고 명명하는 거다. 죽은 사람의 제를 지낼 때 신의 위치로 모신다는 의미인 '神位'가 바로 그것이다.

'있다와 없다'로, 이 세상에 대하여 저 세상으로, 그때는 그때로, 지금은 지금이므로 아직은 살고 있어 안도하지만 죽는다는 사실이 오면 과연 어떻게 대처해야 하는가? 막막해서, 하도 기막혀서 '그냥 죽기 밖에 더 하겠느냐?'고 초라하게 반문할 수도 있다.

갈수록 낡아서 소멸의 과정을 밟는 과거처럼 우리 또한 엄청난 과거가 되어 소명의 과정을 밟게 된다는 이 엄연한 사실이 피동인 을의 입장에선 너무나 억울하다.

조상의 영혼이 깃든 이 세상에서 오래 살겠노라고 땀을 흘리고 웃음을 날리고 살고 있건만, 때로는 남이라서 섭섭하게 대하기도 하고, 남에게서 섭섭한 대접도 받으면서도 이 나이가 되도록 잘 살아왔건만 종국에는 감당하기 어려운 몹쓸 병을 맞이해야 한다니, 내가 그런 나를 어떻게 받아드려야 하는지 그저 막연할 뿐이다.

그럴수록 허송세월이 너무 아깝다. 노을 진 바다를 오래 바라보면서 수평선이 중용을 의미한다고 설파했다고 한들, 키우던 닭을 잡고 이웃과 맛있게 나누어 먹었다고 한들, 몰려드는 허무감을 어쩌지 못하여 밤잠을 설치곤 한다.

물결 위에 일렁이는 내 얼굴, 분명 허상이라는 사실을 알려주는 것 같아 서럽다. 이 세상에 잠시 소풍하러 온 것이 맞다 해도 불러도 대답 없는 이름은 얼마나 허망한가. 애써 감추고 살고 있을 뿐, 이 엄연한 사실을 모르는 사람은 없다.

제4부_
인생은 피동과 능동의 조화

고래의 질풍노도

젊음은 고독과 열정으로 팽창하는 질풍노도
풍랑이 거칠수록 고래는 늠름하게 행해한다
성공해서 고향으로 돌아가리라고
제주해협을 건너 부산에 둥지를 틀고
영도다리 아래서 광나게 구두를 닦았다
구두 등에 빛나는 상상의 힘
다가갈수록 산더미 같은 고래 등에
보석처럼 빛나는 시어를 새기는 동안
수평선너머 번지는 황혼으로 가로등이 붉다
잘 그리려고 부지런히 덧칠하다가
검게 변한 도화지처럼 남포동에도 밤이 오면
가스등을 밝힌 야간 포장마차에서
닦은 구두 값으로 헌 시집을 사고는
고래 고기를 부위 별로 씹으며 향수를 달랬다
소주 한 잔의 씁쓸한 맛, 담배 한 개비의 친근한 맛
시 한 편의 눈부신 맛, 첫사랑 입술이 그리운 맛

홍합의 짭조름한 맛, 창녀의 서러운 눈물 맛
고래 그물에 걸린 운명으로 바다에서 태어났으나
시를 쓰는 새우가 되어 바다에서 죽으리라고
고래처럼 활력이 넘치는 해저의 침묵을 향하여
색정과 서정의 시를 남기고 미라가 되기를.

부산은 나의 제2의 고향이다. 영도에 외할머니를 비롯하여 외삼촌들이 살고 있어서 초등학교 4학년 여름방학 때부터 해마다 한 달이 다 가도록 부산에서 지내면서 봉래산에도 자주 놀러 다녔다. 그때는 봉래산을 고갈산이라고 불렀다.

그 당시 제주도는 기와집이 드물고 초가집 천지인데 빌딩이 늘어선 부산은 별천지나 다름없었다. 영도다리라고 했던 영도대교가 교량 상판을 들어 올리는 진풍경도 대단하고, 남포동, 자갈치 시장, 국제시장의 크기에 공연히 신이 났다. 그러다 보니 멋진 도시 하나가 나에게 따로 있는 셈이 된 거다. 전국에서도 알아주는 명문 고등학교에 다닐 생각은 추호도 없었는데 유도 고단자인 아버지의 명령이라 얻어터지기 두려워서 6개월을 열심히 수험공부를 하고 겨우 입학했지만 어머니가 2남 4녀를 먹여 살려야 할 가난 때문에 일본으로 밀항 가서 살았다. 일 년이 지나서 밀고 때문에 오오무라 수용소에서 죄수로 복역하다가 부산에서 석방되어 영도에서 구멍가게로 연명하게 되는 과정에서 계모가 생겼으니 나는 문제아가 될 수밖에 없었다.

학교 간 날보다 결석한 날이 많아 퇴학을 당했는데 겨우 복학이 되다보니 햇수로 4년이 되어서야 졸업장을 거머쥐게 되었다. 거머쥔다는 말, 웃기는 말이다.

그러다보니, 미성년자 신분임에도 부산 친구들과 어울려서 나쁜 짓도 했음을 고백한다. 구체적이지 않음을 이해하시기를. 어느 말을 먼저 고백해야 할 지 지나간 추억이 흡족하다.

　부산에서 담배 피우는 법을 배웠고, 술을 마시는 법도 배웠으며 용두산 공원에서 여고생 꼬이는 법도 배웠다. 처음으로 직장도 부산에서 다녔고, 군 복무를 마치고 나서는 부산에서 살려고 부산 여자와 펜팔을 통해서 만나고는 잘 살려고 했지만 아버지가 육지 여자는 낭비가 심하여 장남의 며느리로 절대 받아드릴 수 없다는 트집으로 반대했다. 이 트집은 힘든 집안 대소사를 장남인 나에게 맡겨서 계모를 편안하게 해 주려는 의중으로 사사건건 엇박자를 놓은 훼방꾼 역할을 자처하였다.

　그래서 내가 대학교에 가는 문제는 아버지를 불편하게 해서 제때에 못 갔지만 내가 결혼하는 데는 부부가 적극적이었다.

　순전히 제사 명절 치다꺼리를 시킬 며느리가 있으면 금상첨화라서 그랬다. 성질 같아서는 육지 여자를 만나서 제주도를 떠나버릴까도 했지만 장손이라고 나를 아껴주신 할아버지의 유언이 있어서 어쩔 수 없이 제주도 여자와 중매로 결혼하기에 이른다.

　결혼하고 나서 부산에서 살려고 어머니가 일본에서 보내주신 돈으로 연산동에 대지 50평에 건평 35평짜리 건물을 샀다. 그 재산을 외삼촌에게 맡겼는데 외삼촌이 부도나는 바람에 지금은 수십억이 될 재산을 잃고 빚더미를 짊어진 상태로 낙향할 수밖에 없었다. 어리석었으니 그게 평생 가난을 짊어진 짐이 한이 되어 작년에는 부산에서 문학 강의를 하면서 일부러 연산동에서 사글세로 살아봤다.

부산 추억만으로도 책 한권이 될 것 같아서 가정사는 접고 '고래의 질풍노도' 해설로 마무리를 해야겠다. 내 나이 20세에 부산은 네온사인이 유명했다. 술안주 암소 갈비 한 대가 얼마라는 네온사인은 가히 환상적이었다. 부산을 너무 좋아하다보니 부산 말이 절로 배워졌다. 특유의 억양이나 말투가 제주도와 전혀 달라서 감성이 뛰어난 나에게는 언어미각을 깨우쳐 준 셈이 되었다.

건설현장 잡부로 일을 마치면 어스름이 깔린다. 수평선너머 번지는 황혼으로 가로등마저 붉다. 잘 그리려고 부지런히 덧칠하다가 검게 변한 도화지처럼 영도다리 위로 어둠이 짙어지면 의리가 넘치는 부산 친구들과 회동하고는 담배를 꼬나물고 남포동 거리를 누볐다. 아마도 남포동이라는 지명이 남포등을 밝힌 야시장에서 힌트를 얻었는지 몰라도 손수레엔 고래 고기가 부위별로 썰어져 있어서 술맛을 당겼고, 입맛을 사로잡았다. 가난한 젊은이를 위하여 담배도 개비로 팔아주었고, 술도 잔술로 팔아주었다.

고래 고기를 부위 별로 씹으며 향수를 달랬다. 소주 한 잔의 씁쓸한 맛, 담배 한 개비의 친근한 맛, 습작 시 한 편의 황홀한 맛, 첫사랑 입술이 그리운 맛, 창녀의 눈물 맛, 고래 그물에 걸린 운명으로 바다에서 태어났으니 시를 쓰는 새우가 되어 바다에서 죽으리라는 상상으로 못생긴 청춘을 끌어안고 살았다.

그렇게 남포동은 야시장으로도 명성이 자자했다. 여기서 나는 내 일생에 중요한 단서를 만나게 된다. 야시장은 중고품으로 헌 시집을 무더기로 팔았다. 값이 얼마였는지 가물가물하지만 구두를 닦고 받은 돈으로 여러 권을 살 수 있었으니 장래가 불안한 나에겐 수 백 권이 넘는 시집을 사게 된 것이 기쁨이었다.

영상시의 멘토가 된 장만영 시인을 시집 속에서 만나는 행운을 지금껏 누리게 된 거다. 가을밤에 달빛이 뜰에 비치는 모습을 마치 한 폭의 풍경화처럼 묘사한 작품이라는 '달·포도·잎사귀'를 오래 들여다보자.

순이, 벌레 우는 고풍古風한 뜰에
달빛이 밀물처럼 밀려 왔구나.

달은 나의 뜰에 고요히 앉아 있다.
달은 과일보다 향그럽다.

동해 바다 물처럼
푸른
가을
밤.

포도는 달빛이 스며 곱다.
포도는 달빛을 머금고 익는다.

순이, 포도 넝쿨 밑에 어린 잎새들이
달빛에 젖어 호젓하구나.

벌레가 우는 오래된 뜰에 달빛이 밀물처럼 밀려왔다는 묘사가 압권이다. 풀벌레 울음소리라는 청각, 달빛에 물든 밀물이 뜰을 가득 채웠다는 시각과 달은 과일보다 향기롭다는 후각에 포도는 달빛을 머금는다는 미각이 독특하고 포도 넝쿨 밑에 어린 잎새들이 달빛에 젖었다는 촉각까지 오감을 절묘하게 묘사했다.

장만영張萬榮(1914-1975) 시인은 황해도 배천에서 태어나서 서울과 일본에서 공부를 하였으며 평생을 아름다운 꿈과 사랑을 시의 최상의 가치로 알면서 시를 썼다. 화자는 고풍스런 뜰을 공간적인 배경으로 설정하여 뜰 안 가득 밀려온 달빛을 감각적으로 표현했다. 특히 시각적인 이미지를 강조하여 시의 회화성을 강조했던 1930년대 모더니즘 경향을 반영한 작품이다. 젊은 시절, 전북 부안의 신석정 시인과 친분이 두터웠는데 신석정 시인의 소개로 신석정 시인의 처제와 혼인한다. 유언으로 시비를 세우지 말 것을 가족에게 부탁했으나 사후에 친지와 가족들에 의하여 묘지 곁에 시비가 세워졌으며 사후 30년 만에 200부 한정판으로 시 전집이 출간되었다는 기록을 읽었다.

지금도 부산엔 동생들이 살고 있고, 나를 반겨 줄 사람들도 있어서 자주 가는 편이다.

갈 길이 멀어도

눈이 다시 내릴 것 같구나
너무 오래 머물렀나봐
먼 길을 가려면 서둘러야겠지
아름다움아 손을 잠시 잡아다오
몹쓸 정 찾으러 다시 오고 싶은데
멀리 가야 해서 다시 올 수 있을까
봄에 심을 꽃씨는 드리고 가련다
누구나 멀리 가야 할 때가 오겠지
그대 이토록 기다려 줄 수 있을까
나를 향한 선한 눈길은 지녔다가
그 눈매로 그대를 찾아야 하므로
잘 간직했다가 다시 보여 줄 거야.

이번 연초 여행은 4박 5일로 대구, 부산, 포항, 춘천, 서울을 경유해서 제주도로 오는 문학 기행이다. 기행문이나 시를 쓰기보다는 감성을 잃지 않으려는 콘셉트로 거의 독자 행보다. 고속버스로 이동할 때는 이어폰으로 팝송을 많이 들었고, 무궁화호로 장거리 여행할 때는 챙겨 둔 책을 읽었다.

　　춘천은 생략하고 서울에 가니까 금요일이다. 날씨도 쌀쌀하고 배낭도 무겁기도 해서 이른 오후지만 모텔에 유숙하려고 가격을 물었더니 평일보다 2만원이나 더 주어야 재워준다는 거다. 혼자 잘 건데 기본요금에 2만원이나 더?

　　찜질방에 가면 숙박비로 하루 4만원이나 절약이다. 그리하여 이틀이나 찜질방에서 잤다. 주말이라 혼숙할 사람이 어림잡아 500명이다. 피부가 고운 편이지만 밀린 때를 깔끔하게 잘 밀었다.

　　종로 3가를 기웃거렸다. 눈이 내린다. PC방이 피난처다. 음원사이트를 찾다가 우연히 김정호의 '이름 모를 소녀'를 듣고 가수의 마지막 인터뷰를 보게 되었다. 병마에 시달리는 호흡으로 절절하게 독백하는 그 절박한 표정에 그만 눈물을 찔끔거렸다. 그의 나이 34살, 아깝다. 봄날이 가고 말았다. 마침 '봄날이 간다'를 그가 혼신으로 부른 영상이 나온다. 이렇게 되고 마는가. 다른 가수들도 리메이크로 줄줄이 부른다. 워낙에 가사가 좋아서 누가 불러도 좋다. 빙판길 조심해서 다니라는 그대의 카톡을 보고나서야 점심도 잊은 채 PC방에서 죽쳐있음을 알고 밖으로 나왔다. 늦은 점심을 먹고 인사동으로 가는 길목에 있는 '실버극장'으로 갔다. 어제 포스터로 눈여겨봐둔 옛날 영화「타임머신」을 관람했다. 같은 영화 제목이 또 있지만 내가 본「타임머신」은 학창시절에 본 최초의「타임머신」이다. 감성이 예민한 사춘기에 본 영화라서 인상이 깊었는데, 이 영화 다시 볼 수 있을까? 하던 의문이 무려 50년도 넘어서 다시 관람하게 되었으니, 설령 빙판길에 넘어져서 콧등을 다쳐도 쾌재를 부를 판이다.

줄거리는 대충 이렇다. '몇 만 년 미래로 가 보니까 원자력 생산 과잉으로 전쟁이 나고 지구가 병들어서 두 가지 인간만 남게 된다. 지능은 높지만 육신이 변질된 괴물인간과 원시시대의 DNA를 간직한 본연의 천연 인간이 함께 살고 있는데 괴물 인간들은 천연 인간을 먹이로 삼는 비극의 현장을 목격한 주인공은 우여곡절로 귀가했다가 다시 타임머신을 타고 그 미래로 떠난다.' 그러니까 과학문명의 정점이 무엇인지를 암시하는 바가 컸다.

드디어 일요일 저녁, 금요일 낮과 토요일 낮에 잠깐 찾는 연인들의 대실료 특수가 끝나게 되므로 나도 정상가격으로 모텔에서 자게 된 거다. 그래야 느낌으로 챙겨둔 '봄날은 다시 온다'라는 시상을 노트북에 옮겨 적을 수 있을 것이라고 뿌듯하게 저녁을 먹었다.

이렇게 저렇게 정서가 깊어서 맛있게 밥을 먹는데 문득 시상이 떠오른다. 얼른 챙기지 않으면 망각의 터널로 사라지기 때문에 급하게 기록하느라고 정다운 춘천 여인에게 카톡으로 급히 옮겨 보냈다. 제목부터 좋았다. 잘 썼다고 하겠지. 답신이 올까 들여다보아도 한참이나 무답이다. 그래, 시인이니까 그냥 보냈을 거라고 무덤 덤하겠지.

    모텔에 들어와서 우선 밀린 잠을 잤다. 저녁 9시경에 일어나보니까 그녀로부터 투정어린 카톡이 왔다. 여기 공개할 순 없지만 이래저래 마음 아리게 한다고 해 놓고는 잘 지내라는 거다.

    일방적으로 춘천 가겠다고 했으니 할 일이 밀려서 오지 말라고 함도 당연한 처사임을 내 어찌 모르겠는가! 세면대 거울로 내 얼굴을 보니까 나쁜 남자에 속하긴 하지만 남을 괴롭히는 그런 부류는 결코 아니다. 힘센 남자로 세상 살기도 만만치 않은데 연약한 여자로 한 평생은 얼마나 애련할 것인가.

    그나저나 시간은 영원하고 미래공간은 무궁무진한데 누구라도 세상 희비쌍곡선에 곡예 하듯 절실하게 살아야 한다는 고백, 그대를 위하여 썼음을 감안하시길.

그리운 꽃

올라갈 때 보았던 그 꽃
내려올 땐 보지 못했네.

지난 2016년 9월 11일, '제주어보전회' 산행에 따라나섰다. 수십 번 문자로 산행 안내를 받았건만 한 번도 동행하지 못하여 미안했고, 내심 초가을 숲에서 구할 시심도 있으리라는 기대감으로 참가했다.

장소는 서귀포시 호근동 산책로에 있는 '시오름 숲길'이다. 최근에 치유의 숲으로 정비하고 방문객을 기다리는 곶자왈 형태의 산책로다.

내 또래의 회원도 더러 있어 보조를 맞추고 걸었더니 별 무리가 없이 시오름 정상에 올랐다. 대략 1시간 남짓이다. 준비해간 간식을 먹으면서 휴식을 취하고 나서 반대쪽 숲길로 종주하게 되었다. 비교적 낮은 오름임을 알고 안도하며 숲길을 내려오는데 하산 코스는 예상외로 계곡도 타야 하는 상황이라 올라갈 때와 비하여 두 배나 더 힘들었다. 땀도 많이 흐른다. 오른 만큼 내려감도 비슷하리라는 지레짐작이 무너졌다.

문득, 내려올 때도 같은 길로 내려와야 놓친 풍경도 볼 수 있을 것이라는 상념이 어른거렸다. 아는 만큼 보이고, 보는 만큼 안다고 깨닫고 보면 평소에 보지 못한 인생의 이면裏面이 소상히 보인다는 생각인데 무방한가? 잘 나갈 때나 높은 자리에 올라갈 때는 주위의 남의 어려움은 뒷전이라 자신의 잘난 모습 돋보인다고 해도 타당한가?

혜민 스님은 멈추면 보인다고 하였다. 그러나 마음이 없으면 안 보인다. 제대로 보려고 멈추어서 골똘하게 보아야 볼 것이 있다. 앞만 보고 갔으니, 위만 보려고 애써 갔으니 옆에 피어있는 꽃에 눈길을 줄 여유가 없었으니 보지 못했는데 정상을 찍거나 도중하차하면서 내려오는 길은 몸의 중심을 잘 잡아야 미끄러지지 않으므로 눈길을 밑에 두게 되는데, 더하여 목적한 바를 이루었으니 둘러보고 싶음도 인지상정이라 비로소 그윽한 눈길로 꽃을 눈여겨 보는 일이 가능했다면 설득력이 있는가?

꽃은 돌담 아래서 피거나 들판에 피어도 지상의 별과 같아서 미운 꽃은 없다. 꽃은 식물이 정성을 다하여 피워낸 성기性器라고 해도 될 만큼 소중한 자궁과 닮았기에 예쁘다는 인식은 처음부터 부여받은 프리미엄이다. 다만 사람은 인격에 따라 다름으로 자세히 볼수록 근본적으로 사람 됨됨이가 말씀이 아니면 오래 보아도 나쁜 사람이라고 단정해도 별 무리가 없다.

올라갈 때 보지 못한 꽃을 보려면 반드시 그 길로 되돌아 내려와야 볼 수 있다는 결론에 이르러서 뜻밖에 시상이 떠올랐다. 올라갈 때 보았던 꽃을 아름다운 여자와의 정분이라고 가정해도 무방하다. 가다가 한눈파느라고 잠시 멈추었으니 다시 떠날 요량이므로 잡는 손을 뿌리치고 돌아서면서 다시 오겠노라고 언약했다.

하지만 하산길이 달랐다. 무려 3시간이 걸려서 피곤했고, 올 때 탔던 차에 동승하고 집합장소로 이동하는 바람에 여태 그 꽃을 만나지 못하고 있다. 다시 찾을 마음이 없으면 영영 못 볼 건 아닌지 마음이 조급하다. 그도 그럴 것이 그 꽃은 시들면 줄기마저 썩어버리기 때문에 있던 장소를 가늠하기도 어렵다는 언질을 받은 형편이다. 여자로 비유한다면, 기약 없이 기다리다 지쳐서 기별 없이 그 곳을 떠나버리면 정말 큰일이 아닐 수 없다….

　상황이 다르면 사색도 변질될 우려가 있어서 배낭에서 수첩을 꺼내고 시를 적었다. 절실한 저들마다 사연이 절절하고 절박하여 다시 만나고 싶어도 절대로 만나지 못하는 이별이 얼마나 많은 세상인가.

　시 내막의 풀이로는, 다시 시오름 숲길을 찾아서 그 꽃을 만나야 한다. 그 동안은 서로가 그립거나 그리워 할 꽃이기에 '그리운 꽃'이라고 제목을 붙였다. 그래서 그리움은 마음으로 먼저 만나는 위로의 영상편지이기에 답장을 대신하는 기다림은 그리움보다 무척 길어서 그나마 다행이다.

낭만 안녕

가을비 내리는 골목 선술집
임은 갔다 먼 곳으로 갔다
소주 맛을 달래는 두부찌개

부두에 부서지는 실안개
물결에 뿌려지는 눈물인가
정박당한 배들이 서성인다

허공에 그리움 짙게 그리고
날개 터는 가마우지 모르게
돌아서서 눈물을 닦아야지

선술집 벽에 기댄 그림자는
쓰러진 술병 속을 기웃거려도
스쳐간 봄 다시 만날 길 없네.

KBS장수프로인 '가요무대'에 매혹의 샹송 가수 이미배가 나온다고 하면 졸음을 참고 시청한다. 지난번엔 인생의 허무함을 말해주는 명곡 '황성옛터'를 절절하게 불러서 시심이 넘실거렸다.

　가사를 음미해 보면 황성옛터에 밤이 되니 월색만 고요해서 폐허에 설은 회포를 말하여 준다는 대목은 허공에서 바라보는 시각이고, 폐허만 남은 추억의 잔해를 말한다는 영탄은 공간 확장을 위한 언어미학이다. 특히 성은 허물어져 빈터인데 방초만 푸르다는 시각은 지상의 잔해가 아파서 인생이란 결국 허무라는 탄식으로 꿈의 거리를 헤매고 있다는 서술 또한 무척이나 철학적인데 달콤한 속삭임과 추억의 그림자가 넘실거린다는 이미배의 애틋한 음성으로 새겨들으니 더욱 애절하고 감미롭다.

　가수와 시인인 우리는 연배가 비슷해서 펜과 독자로 친한 편이다. 공연 차 제주도에 왔을 때, 오전 시간이 남는다고 제주도 구경을 하겠다고 해서 서쪽 바닷가를 드라이브하면서 점심으로 '쥐치조림'을 대접했고, 서울에서 만났을 때는 일류요리를 마다하고 해장국을 대접받았다. 그 후로 음반이 나오면 CD를 보내왔고, 나는 책이 나오면 보내드렸다.

　몇 해 전에는 호텔 연회장에서 연말 디너쇼를 한다면서 표를 보내줘서 구경을 잘 했다. 게스트로 출연한 탤런트 강석우가 색소폰을 잘 부는 줄 그때 알았고, 음유시인 이동원의 '이별 노래'와 '실버들'을 듣게 되어 더욱 좋았다. 공연이 끝나고 만찬이 있었는데 진행 팀과 출연한 가수들, 펜클럽 회원들로 복잡해서 나는 눈도장만 찍고 나왔다.

누군가가 중년은 낭만시대라고 들려주었다. 이미 노년이 되어버린 나는 낭만에 대하여 어떻게 맞이했는지 추억을 기웃거리다가 이 시를 쓰게 되었다. 시를 짓는 김에 작사로도 활용할 수 있도록 음수율을 맞추었다. 1연과 2연은 1절로, 3연과 4연은 2절로 구분하면 되는 데 후렴구는 적당한 행을 반복하면 되는 거다.

시에서 행은 행마다 내용이 살아있어야 제 값을 한다. 이 시는 행을 어느 곳이나 앞뒤로 바꾸어도 뜻을 잘 통하게 장치했다. 소주 맛을 달래는 가을비에 골목 선술집엔 두부찌개가 익는데 임은 갔다 먼 곳으로 갔다는 식이다.

작사가 되려면 내용을 더 풀어서 써도 좋겠지만 유행가 수준도 높아지는 추세라서 언어를 압축했는데 음수율에 따라 내재율이 생성되어 있으므로 듣기에 그리 어렵진 않을 것이다. 유명 작곡가는 작사만 보아도 내재율의 리듬을 창작하는 기술이 뛰어나므로 이 시를 이미배 가수가 신곡으로 노래한다면 기꺼이 허락하겠다.

시인과 오징어

소주와 수박을 싣고 오징어잡이 나갔다
잔잔한 물결이 면내의처럼 보드랍다
알몸을 들어낸 석양이 수평선에 눕고
시조새처럼 배 붉은 비행기가 날아서
짙푸른 에덴동산 제주도로 날아왔다
신혼부부가 렌터카 타고 호텔로 가는 동안
한라산정은 어둠에 잠기고
수평선 안에 모여든 집어등이 눈을 뜬다
금단의 열매는 이브의 가슴에 있고
원죄를 간작한 뱀은 아담의 하체에 있는가
집어등에 비친 바닷게가 물결에 헤엄친다
한 쪽 마디를 접고 다섯 개의 발로 헤엄친다
금년 여름은 지난여름보다도 징그럽게 더워서
수박 속살도 나일강 악어의 창자다
나일강 악어 창자를 날로 먹는 원시인이 되어
오징어 열세마리 낚으며 마신 소주에 잠들었는데

철부지 신부가 갯가에서 잡은 게를
세면대에 놓고 잊었는지
꿈 속 호텔 방 모서리를 오르는 갯바위 달랑게
사람이 사람을 낳는 아름다운 고통을 간직한 채
섬을 떠나지만 제주도추억을 오래 간직하겠구나
추석이 오기 전에 오징어 백 마리만 낚아야지.

오래 전 이야기지만, 육지에 사는 친구가 신혼여행을 왔다. 렌터카를 소개해 주고 점심을 같이 했다. 신부를 바라보니 정말 아름다웠다. 나는 애인도 없는데 이토록 눈부신 미인을 평생 아내로 맞이한 친구가 부러웠다.

시만 쓰다보니까 직장이라도 좋든지, 허면 키라도 커서 믿음직스럽든가 해야 하는데 장래가 불투명한 나를 동네처녀도 애써 외면하는 처지였다.

오후에 친족 형과 오징어 붙이려고 낚시채비를 했다. 오징어는 낚는 것이 아니고 루어 비슷한 야광비닐을 원통낚시 끝에 달고 깊이를 재며 올렸다, 내렸다하는 동안에 오징어가 낚시에 달라붙으면 들어 올려서 떼어내면 되는 낚시질이다.

그때는 한 되짜리 소주를 선호하던 시절이다. 마시다가 남으면 뚜껑을 닫고 보관했다가 다시 마시면 되는 것이 장점이다. 수박도 한 덩이 오징어 배에 실었다. 마침 물때가 좋았고 바람도 자서 물결도 면내의처럼 보드라웠다. 알몸을 드러낸 석양이 수평선에 누울 때 제주시 바다에서는 시조새처럼 배 붉은 비행기가 제주공항에 착륙하려고 날아오는 모습을 자주 보게 된다.

어둠의 채도에 비례하여 샛별이 더욱 밝게 빛나고 집어등 빛도 바다 위에서 더욱 밝게 일렁인다. 날씨는 여름이라 더웠지만 초저녁 바다 위를 기어가는 해풍은 서늘하기가 그지없다.

내일 아침엔 신혼부부에게 제주도가 자랑하는 한치오징어 회 무침을 대접할 생각에 마음이 푸근해지면서 시심이 일렁거리는데, 집어등이 비친 수면 위로 바닷게 두 마리가 볼륨댄스를 추듯 서로 어울려 부드럽게 헤엄을 치는 것이었다. 옆으로 헤엄을 치는데 자세히 보니까 한 쪽 마디발은 접고 한 쪽 마디발 다섯 개로만 방향을 바꾸는 카누처럼 한 쪽 노 역할을 하는 거였다.

전복은 바위에 붙어서 미역을 뜯어먹긴 하지만 이동하는 전복은 물을 뿜어내는 추진력으로 점프할 줄도 알고 물속에서 거의 날아가는 수준으로 헤엄을 친다는 사실은 알고 있었지만 바닷게가 수면 위로 올라와서 사랑의 유희를 한다는 사실이 놀라웠다. 다들 나름으로 사랑을 구사하는구나.

인간을 신이 만들어주셨다. 그런데 남자와 여자로 나누어서 둘이 결합하면 인간을 낳을 수 있게 한 배려는 무슨 이유에서인가? 암수가 있는 생명체는 다 그렇다. 나도 하루바삐 짝을 찾고 싶다.

오징어 서너 마리 낚는 동안 입이 출출하여 소주를 깠다. 잔을 주고받으며 살아있는 오징어를 씹었더니 발들이 콧구멍을 쑤실 듯이 꿈틀거린다. 수박을 대충 쪼개어 먹었다. 밤바다 위에서 별을 바라보면서 먹는 수박은 별미다.

수박은 즉석에서 먹을 수 있는 과일 중에서 가장 푸짐하다. 입에서 살살 녹는 달콤함과 시원함, 배뇨작용에 좋은 과일이라서 나일강 악어 창자를 날로 뜯어먹는 토인들을 연상하여 시상을 꾸릴 만큼 여름의 풍요로움이다.

어느 호텔에서 이르기를, 어떤 신혼부부가 바닷가에서 소라 껍데기를 줍다가 거기에 갯바위 달랑게를 넣고 호텔 침실에 가지고 왔다가 세면대에 놔두고는 잊은 채 퇴실한 탓에 갯바위 달랑게들이 침실 구석구석을 기어 다녀 직원들이 애를 먹었다는 거다.

육체적인 사랑은 짜릿한 형이하학. 이 쾌감이야 말로 자식을 낳아 기르라는 필요악이리라. 장남으로 태어난 육지 친구 중에는 부모님이 제주도 신혼여행을 다녀갔기에 원래 고향은 제주도 어느 푸른 밤이라고 지금도 농담을 던진다.

방목을 위한 춤사위

징을 울려라, 상모를 돌려라
자진모리장단에 절뚝이며 춤을 춰라
노인과 어린 아이는 길가에 서라
어진 송아지처럼 귀한 망아지처럼
며느리 대신 손자를 업고 나타난 노인들도
왕년의 북소리에 잠겨 농악놀이를 즐긴다
삼월 삼짇날
목장에서 집집마다 마소를 풀어
마을 야산으로 몰고 가는 행렬이 반갑다
마을의 재산인 말들을 보라 소떼를 보라
사람들이 손뼉 치는 소리를 들어라
목장 야산에 모여 밥 먹고 술 마시는 마을 잔치
범죄 없는 마을이라
건강한 마소를 닮은 웃음소리가 유달리 정겹다
귀한 마소를 마을 야산에 방목하듯
서로 도우며 자유롭게 살고 있으니
늙어도 가난에 허덕이거나 외롭다거나
홀로 죽는다는 두려움 없으니
이것이 이 마을의 행복이기에
목장 길 따라 피어나는 무사안녕이다.

제주도는 곳곳이 다 좋다. 다 좋기 때문에 몰려드는 외지인 때문에 땅값이 엄청나게 올랐다. 나는 내년이라도 내가 원하는 제주도 중산간인 그곳에서 살고 싶은데 돈이 없다. 혼자 살아도 좋다는 자유는 구했지만 해가 갈수록 독거실현은 불가능 쪽으로 가닥이 잡히고 있다. 살고 싶은 곳에 가서 못살 바에는 방목을 위한 춤사위로 시라도 푸짐하게 써야 대리만족이라도 할 것 아닌가. 그러므로 이 시의 배경은 상상의 산물이다.

제주에서 걸궁은 산촌에선 풍년을 기약하고 어촌에서는 풍어를 소망하면서 음력 정월부터 2월까지 마을 사람들의 안녕을 위하여 행하는 풍물 굿으로 농사의 신인 자청비는 하늘 옥황상제로부터 여러 가지 곡식 종자를 얻어서 땅으로 내려와서 사람들의 풍년농사를 이루도록 도와주면 마을 사람들이 모여서 신명나게 춤과 노래를 부르면서 마을 곳곳에 마당놀이를 펼쳤다.

대부분 제주의 노동 현장이나 삶의 모습을 놀이화한 농경모의農耕模擬적인 놀이는 무속에서 나타나는 굿 놀이의 영향을 받아 액막이 놀이로 연극적 면모가 강하다고 한다. 특히 목축업이 주업인 그곳은 늦가을이 되면 방목했던 소나 말을 주인들의 집에 매어두었다가 초봄에는 마을 공동 목장에 풀어놓는다. 봄이 완연한 음력 3월 3일 '삼월 삼짇날'이 되면 마을 야산으로 마소를 방목하기 위하여 동네사람들을 모아서 다시 마을 굿 놀이를 펼친다.

삼짇날은 봄을 알리는 명절로 강남 갔던 제비가 돌아오고, 뱀이 겨울잠에서 깨어나는 날이라서 길일이므로 사내아이들은 물이 오른 버들가지를 꺾어 피리를 만들어 불고, 여자아이들은 풀을 뜯어 각시인형을 만들어 각시놀음을 즐기는 풍습이 있다. 이날을 위하여 진달래꽃을 따다가 찹쌀가루로 반죽하여 만든 화전花煎이 있는데 그 마을에선 토종꿀이 유명해서 오메기떡과 시루떡, 쑥떡도 만들어서 집집마다 나누어 준다.

마을 공동목장을 운영하기 위한 아이템이지만 어디까지나 가상이므로 그냥 저냥 세월만 보내고 있다.

그래도 내 시가 좋다고 그곳에 가서 핸드드립 커피 샵을 열고 시를 이야기하고 청풍명월을 읊조릴 누군가가 나타날 것이다. 그 누군가는 제주도의 별천지에서 행복을 누리게 될 것이므로 마을은 축제의 장을 펼칠 것이다. 징을 울려라, 상모를 돌려라, 자진모리장단에 절뚝이며 춤을 춰라. 노인과 어린 아이는 떡을 손에 쥐고 길가에 서서 마소의 떼를 흐뭇하게 바라보라. 어진 송아지처럼 귀한 망아지처럼 이곳으로 시집온 새색시와 마을 청년들이 대를 이어 고향을 지키겠노라고 왕년의 풍물과 탈춤으로 농악놀이를 즐기게 된다.

범죄 없는 마을이라서 서로 도우며 자유롭게 살고 있으니 이곳에서 늙으면 어른 대접을 융숭하게 받을 것이고, 이곳에서 태어나면 분교를 염려한 마을 사람들이 협동해서 지은 서민아파트를 무상으로 받는다. 인문학이 숨 쉬는 그곳, 공동목장의 운영으로 목장 길 따라 피어나는 무사안녕이기에 건강한 마소를 키우는 웃음소리가 유달리 정겹다.

나의 숙소

퇴근길을 기다리던 무력감이
나보다 먼저 집으로 돌아가서
내가 현관에 들어서니까
시커먼 어둠을 배경으로 마주선다
문에서 풍기는 썰렁한 냄새

넥타이가 식탁 위에 들어 눕고
양말은 책상 밑으로 숨고
술집에서 따라온
술 취한 내 그림자가
침대에 앉아서 물을 먹는다

다정도 병이 들어 서럽고
창문마다 별빛이 엉겨붙었다
바다를 건너온 바람은
그리움을 데리고 온다
길 건너 가로등은
목이 긴 사슴 눈동자

발목 다친 바퀴벌레가
내 체온을 끌고 다니는 동안
나는 내일을 위하여
웅크린 채로 잠을 청하고
집을 지키는 정적도
내 눈치를 살피며 곁에 눕는다.

직장이 없으면 백수, 백수가 되면 식구들은 길바닥에 나앉는다는 절박감에 힘들어도 상사의 눈치를 보면서 나날을 죽이는데 눈부신 청춘이 못난 나로 하여금 허망한 일상이 되고 만다. 그나마 땀을 흘릴 직장이 있으니 보람차다는 위안으로 퇴근 시간을 기다리는 것이다.

전근으로 제주도에 혼자만 내려와서 2년 째 독신으로 지내고 있다. 일과를 마치면 심신이 피곤하다. 무력감이 넘실거려 쉬고 싶다. 무생물도 의인화로 살게 하였으니 이 시는 일상적인 명사나, 관념단어에도 생명을 부여하고는 퇴근 후의 상황을 묘사해 보았다.

무력감이 나보다 먼저 집으로 돌아가서 내가 와서 현관문을 열때까지 기다린다는 설정은 집을 아는 개가 먼저 집으로 돌아간 상황과 같은 맥락이다.

센서가 달린 현관 등이 부옇게 켜지기는 하지만 문 앞은 시커먼 어둠이 배경이다. 문에 달린 손잡이 잡으면 차가운 기운이 온몸으로 파고든다. 이 썰렁함이 퀴퀴한 냄새를 동반한 것 같아 더욱 싫다. 하지만 독거생활의 습관인 것을.

저녁은 이미 먹고 왔으니 식탁 위에 넥타이를 풀어놓아도 상관없다. 양말도 벗어서 겹치고 던지면 책상 밑으로 숨는다.

동료와 술집에 갈 때만 해도 멀쩡했던 그림자는 내 주량에 맞추어 술에 취했다. 목이 말라서 물을 마셨더니 그림자도 침대에 앉아서 물을 먹는 그림으로 벽을 장식하고 있다.

문득, 식구가 보고 싶다. 다정해서 탈이다. 정이 많은 탓이다. 무심코 바라보는 창문, 별빛이 엉겨 붙었다고 했지만 가로등 불빛이 겹쳐진 거겠지.

바닷가 가까운 곳이라서 바닷바람이 창을 흔든다. 파도가 크게 우는 날은 바람도 크게 불어 허공 저쪽으로 자리를 옮기면서 왜 그리 서럽게 흐느끼는지 겨울에 듣는 바람소리는 객지 생활을 더욱 처연하게 하여 그리움을 데리고 온다. 그래서 길 건너편에 서 있는 가로등을 목이 긴 사슴 눈동자라고 표현했다.

술 취한 눈에도 바퀴벌레가 보였다. 얼른 방석을 들고 때렸더니 제대로 맞았는지 잠시 꿈쩍하지 않았다. 휴지로 싸서 버리기 싫었다. 그냥 놔 둘 걸…, 그런데 바퀴벌레가 절뚝이면서 침대 안으로 기어간다. 이대로도 날이 밝아 오리라고 나는 웅크린 채로 잠을 청했다. 집을 지키는 웅장한 정적도 내 눈치를 살피며 곁에 누웠다.

안개 낀 아침

만화책 주인공처럼 잠에서 깨어나
팔 뻗고 하품을 하였다
잠옷 입은 아내가 부엌에 서서
두부 지지는지 지지지 하는 소리
창밖에는
안개를 적시며 봄비가 내리고 있었다
촉촉한 봄바람에 흔들리는 목련화는
빗방울을 떨어뜨리는데
걷고 있는 사람들은
흑백사진 풍경을 만든다
철부지 아이처럼 내의만 입고
발코니에서 거리를 바라보는 나를
못마땅하게 쳐다본 여자는
점박이 우산을 쓰고
누굴 만나려는지 골목길을 서성거린다
아내 몰래 만나서 잠시 잠적하고 싶다.

소소한 일상이지만 만화책 주인공처럼 잠에서 깨어나 팔 뻗고 하품을 했다. 고양이과 짐승도 앞다리를 쭉 뻗고 상체를 늘리며 하품을 할 때가 있다.

일상이 평범하여 마음이 편안한 아내들은 잠옷 입은 채로 아침 요리를 준비하기도 한다. 뜨거운 프라이팬에 기름을 둘렀으니 지져낸다고 뜨거운 기름에 덴 두부가 화상을 입느라고 지지지 하는 소리를 낸다.

아침상을 안 차려도 되는 나는 정신도 차릴 겸, 자투리 시간을 보내려고 무심히 창밖을 바라본다. 마침 안개를 적시며 실비가 내리고 있다. 희미한 안개 속에선 뚜렷한 물체가 더 뚜렷하게 보인다. 이런 날은 이웃집 목련화가 더 탐스럽고 복스럽게 보인다.

이웃집 여인을 우연히 특별한 장소에서 만났다. 뜻밖이라 반가웠다. 음악소리가 크게 들리는 곳이라 짐작이 가도 나는 시인이기보다 먼저 교양인이기에 상상은 금물이다.

마당가에 서 있는 목련화는 봄비에 젖어서 흰 살결마다 물방울을 매달고 있다. 안개 껴서 그런지 촉촉한 봄바람에 흔들리는 목련화는 물방울을 땅 위에 떨어뜨려 깨뜨린다.

차츰 거리를 오가는 사람들이 많아지고 있다. 사람의 움직임도 멀리서 보면 나무들이 서 있는 모습처럼 주변 배경과 어우러져 한 폭의 풍경이 되겠지만 비교적 가까운 곳에서 바라보고 있으려니 안개에 가려진 햇살로 지금 이 전경은 흑백사진을 보는 것 같다.

우리 집은 아파트 삼층이라서 일부러 위를 쳐다보지 않으면 누가 발코니에 나와 있는지 모른다. 그런대도 철부지 아이처럼 내의만 입고 고개를 내밀고 거리 쪽을 바라보고 있으니 무심한 듯 고개를 들었다가 나를 발견한 여자가 못마땅한 표정으로 서둘러 우리 아파트 아래를 지나간다.

낭만적인 남자들은 여행 중에 고속버스 옆자리, 기차나 비행기 옆자리에 아름다운 여인이 앉기를 은근히 기대한다. 막상 앉으면 말 한 마디 건네지 못하고 슬쩍 눈요기나 하고 마는 경우가 다반사이지만 뜻밖에 대화가 잘 통하여 어떤 가능성이 움트기도 한다. 막상 내릴 곳에 도착하면 아까와 전혀 다른 분위기에 휩싸이면서 서로 몰랐던 처음처럼 냉랭해지고 만다.

그러니까 여행 중에는 감성이 작동하여 분위기에도 낭만이 넘실거렸다가 막상 일상으로 돌아가야 하는 현실 앞에서는 잠시 나눈 대화는 피로회복제에 불과하다는 이론이 성립되는 거다.

눈에 콩깍지가 씌어져서 깡패 같은 놈이니까 사귀지 말라는 아버지의 간절한 이성적인 설득보다는 우람한 팔뚝으로 안아주는 남자의 숨결이 더 달콤한 감성적인 쾌감을 어쩌지 못하는 딸의 심중을 짐작하는 젊은 날이 그런 남자였던 아버지는 안타까울 뿐이다.

시가 시 답지 않은데 해설까지 곁들이려니 억지춘향인 것은 분명하다. 그동안 쌓아놓은 '시가 있는 수필' 내공에 먹칠을 할 지경이지만 게재 날짜에 맞추려다보니 아주 오래 전에 발표했던 시를 꺼내어

횡설수설하고 있음이다. 아내는 남편의 아침 출근을 돕느라고 새벽에 일어나서 잠옷 입은 채로 식단을 꾸미고 있는데 시심은 안개 속이라 더욱 에로틱한 여인들의 뒷모습을 바라보면서 아무도 모르게 나쁜 짓을 하고 싶음도 젊은 한 때의 남자의 흑심인데 저마다 양심이 있으니 그만큼 천만다행이다.

지상에 펼쳐진 천국

늦잠자고 일어나서 부엌에 가보면
오래 전에 하늘에서 내려온 선녀가
허름한 옷으로 신분을 감추고는
밥을 짓고 국을 끓이고 반찬을 만든다
이것은 지상에서 펼쳐지는 천국이다
어쩌면 달아날 수도 있다는 조급함에
뒤에서 얼른 안았더니 뜨거운 국 쏟는다고
그 튼실한 엉덩이로 나를 밀쳐내지만
푹신한 엉덩이 감촉이 너무 좋아서 떠벌리면
둥지에 엎드려 조심스럽게 알을 품은 암탉이
동그란 눈을 뜨고 까칠한 눈길로 째려본다
돈 못 벌어도 좋으니까 떳떳하게 다니라고
못 해도 좋으니까 아프지나 말라는 당부에
놀러 다니기도 싱거워서 자주 부엌에 가는데
세상에서 가장 예쁘게 웃어도
세상에서 가장 불쌍한 우리 각시가 이르기를
이 모양 요 꼴은 잘난 서방이 만든 모습이라
어떻게 살아도 한 세상이라며 솥을 씻는다.

남자라서 늦잠을 자는가, 아내가 궁금하다. 부엌에 가보면 오래 전에 하늘에서 내려온 선녀가 허름한 옷으로 신분을 감추고는 밥을 짓고 국을 끓이고 반찬을 만들고 있다. 이것은 지상에서 펼쳐지는 천국이다. 70을 바라보는 아내 귀밑머리는 아직도 짙다. 나는 45년 전에 맹수의 눈으로 바라보던 눈초리가 어느덧 측은지심으로 흐릿한 눈매가 되었다. 신혼 초기에는 그랬다. 서둘러 퇴근하고는 집에 각시가 없으면 사방팔방으로 찾으러 다녔다. 이웃집에 갔다는 정보를 듣고는 고래고래 소리 지르면 싫지 않은 표정으로 얼굴 붉히며 아내가 반겼다.

그러하니, 어쩌면 달아날 수도 있다는 조급함은 아니고 이 매력적인 엉덩이가 내 소유물이라고 뒤에서 거칠게 안아본다. 미지를 아는 원초적인 탐험이 얼마나 좋았던지 죄를 저지르는 기분이다. 각시는 당황하지만 거부할 수 없어, 이 엉덩이가 어디 가느냐고 곱게 짜증내면서 뜨거운 국 쏟는다고 나를 밀쳐내곤 하였다. 푹신한 감촉이 너무 좋아서 언어조합이 엉성하게 떠벌리면 마치 둥지에 엎드려 조심스럽게 알을 품은 암탉이 동그란 눈을 뜨고 까칠한 눈길로 째려보기도 했었다.

그렇게 달콤한 세월이 모질게 흘러 내 아내가 늙었다. 아내가 늙은 줄 알면 이미 때가 늦을 줄 알라는 어록이 있다. 나는 더 형편없이 늙었음이다.

크게 지출해야 할 목록이 없으니 돈 많이 못 벌어도 좋으니까 떳떳하게 다니고, 아무 일이나 못 해도 좋으니까 아프지나 말라는 명령에 한시름 놓고 놀러 다니기도 싱거워서 자주 부엌에 가는 편이다.

누구의 아내도 마찬가지다. 세상에서 가장 예쁘게 웃어도 세상에서 가장 불쌍한 여인이 그대의 아내다. 웃어도 불쌍한 아내, 무슨 말이 더 이상 필요하랴! 라는 감탄사는 문인이 아닌 사람들이 즐겨 쓰는 감성이라고 볼 수 있다.

나는 시인으로 부지런히 늙고 있으니 세상의 아내에 대한 시심을 표출해야 한다. 자, 그대의 아내 모습을 보라. 현재 입은 옷차림, 헤어스타일, 화장의 밀도, 장신구의 경중을 자세히 보라. 이 모양 요 꼴은 잘난 세상 남편들이 만든 인생의 동반자이다. 지나는 중년 여인을 보면 그녀의 남자가 보인다. 또한 홀로 사느라고 더욱 편안한 미망인도 보인다.

이렇게 저렇게 어떻게 살아도 한 세상이라며 솥뚜껑을 씻는 일상은 그나마 다행인데 화려한 브라질 올림픽 폐막식을 오래 보다가 저 혼자 한숨을 길게 내쉬는 것을 화장실 가다가 목격한 나는 죄 지은 바가 있어 가슴이 무너질 지경이지만 내색은 의리가 아니므로 금물이다.

자식들 키워서 살림나게 하느라고 땀 흘리는 동안 부모 떠나보내고 친구도 더러 가고, 나마저 이렇게 늙어가고 있어서 인생은 허무한 거라고 독백조차 마음대로 할 수 없냐고 눈을 부릅뜨면 예전에 깊이 묻어두었던 미안함마저 서로의 스트레스가 되므로 어물어물 모른 척 넘어가는 것이 미덕이다.

하여간에 어떻게 살았던지 80이 넘게 살면 잘 산 거고, 남남이 부부로 만나 50년 넘게 한 지붕에서 같이 살고 있다면 인간적으로 칭찬 받아 마땅하다.

생각하는 정원

밀림은 인간도 동물이기를 소원한다
원숭이처럼 나무 위에서 살긴 싫었다
두 손은 땀을 흘리는 뇌가 아니던가
참으로 인간답게 잘 살기를 원했기에
가족을 거느리고 황무지를 개간했다
밭을 일구고 씨 뿌려 양식을 구하고
문화를 지키며 자연과 더불어 살았다
연약한 나무가 인간의 땀과 정성으로
건강을 회복하고 더욱 오래 사는 것
이것이 인간이 꿈꾸는 분재예술이다
꼽추처럼 굽은 몸으로도 힘을 얻어서
돌배를 주렁주렁 거느린 축복을 본다
하늘로 향한 뿌리를 쇠사슬로 묶어서
작은 하늘을 지킴도 인간의 몫이기에
밀림에 길을 내기 위한 몸부림이었다
인간도 결핍을 견뎌야 할 동물이기에
슬픔은 슬픔이었고 기쁨은 기쁨이었다.

분재는 예술이다. 산에 사는 나무는 그 나무의 생김새로 산다. 인간에 의하여 뿌리가 뽑히면 다른 곳으로 옮겨 심겨지거나 그냥 말라 죽을 수도 있고 통나무집이 되기도 한다. 다른 짐승은 나무를 옮겨 심을 줄을 모른다.

　제주도의 문화 예술인 마을로 유명한 저지리 '생각하는 정원'을 찾았다가 이곳을 일군 성범영 원장의 자전적인 책을 선물로 받았다.

　「정원은 언제나 요동친다. 요동치는 고요가 상생이라는 우주의 작동원리를 지킨다. 비록 내가 평생을 바쳐 땀을 흘리기는 했으나 제주도는 신이 축복해 주신 땅이기에 따사로운 햇살과 높고 푸른 하늘, 아름다운 오름과 들판에 넘실거리는 바람이 있어 '생각하는 정원'은 세계에서 가장 아름다운 정원으로 존재한다.」

　얼마나 멋진 노역인가. 분재를 통한 제주특별자치도와 중국의 교류에 이 분의 공도 많다고 들었다.

　제주도의 빛깔을 지닌 감성의 쉼터에서 산책을 하고 있는데 뜬금없이 동행인이 멋스럽게 한마디 거들었다. 분재는 나무를 괴롭히는 짓이라고. 한 술 더 떠서 인간만이 저지르는 죄업이라고 강조했다. 나도 처음엔 그 뜻을 눈부시게 공감했다. 나무가 자라는 곳에서 자연스럽게 살아가는 것을 왜 이다지 못살게 굴면서까지 인간의 제물이 되어야 하느냐는 생각이 지배적이기 때문이었다.

　분재는 나무가 나무로 살아가는 섭리에 예술이라는 가치가 첨가된 진화이다. 물론 보기에는 억지로 비틀고 억지로 물과 비료와 일용할 햇볕을 쬐어 원하는 형태를 구하는 일련의 작업이 노예를 혹사하거나 죄인을 고문하는 형상으로 보이기에 분재를 부정하지만 진실은 아니다. 나무 중에는 기생충이나 돌림병으로 병든 나무도 있다. 어쩌다가 척박한 바위틈에 끼어 땅을 기어다는 놈도 있어 조심스럽게 뿌리를 뽑아 옮겨 심고는 정성껏 돌봐주는 마음이 분재를 대하는 심성이다.

물론 아름다움을 창조하기 위한 과정이 얼마나 괴로운 것인지를 추구하는 과정에서 실험실 흰쥐처럼 요절하는 불운도 있어 안쓰럽지만 우리가 즐겨듣는 노래나 춤도 그런 의지의 산물이므로 세상이 아름다운 것이다.

앞으로 누구라도 분재원에 놀러 가면 죄 없는 나무를 괴롭히지 말자고 다짐하지 말자.

인간은 바다의 소금을 닮은 피를 지녔기에 물고기에서 파충류로, 포유류로 진화 했다는 설을 인용해보자. 인간의 지능이 원숭이 정도에서 멈추었다면 인간들도 나무 위에서 살고 있을 것이다. 맹수가 우글거리는 지상보다 안전하기에 나무 위가 그나마 안전하니까 어쩔 수 없는 선택이다. 나무를 활용할 능력이 없었다면 동굴 속에서 박쥐처럼 살았을 것이다. 다행이도 들짐승을 길들이게 되어 맹수도 아닌 인간은 소나 말, 닭이나 오리, 돼지도 잡아먹어도 되는 삶으로 풍요를 누리게 되었다.

보호해야 할 동물도 있다. 국내에서는 유일하게 제주도에서만 집단 서식하고 있는 남방큰돌고래는 국제보호어종으로 규정되어 있어서 잡으면 불법으로 포획된 동물이니까 바로 풀어줘야 한다. 제돌이를 필두로 여러 마리를 풀어 주었는데 다른 돌고래들과 잘 살고 있어 성공한 프로젝트라고 평가하고 있다.

관점에 따라 다르겠지만 가축도 원래대로 산속에서 자유롭게 살아야 한다고 다 풀어 줄 수도 있다. 나무도 톱으로 토막 내어 집을 짓거나 땔나무로 쓰지 말고, 들판도 생명의 터전이므로 개간하지 말고, 문어도 잡지 말고 자연 그대로 내버려두어야 한다. 대신 화학 영양제개발을 서둘러야 한다.

우리가 인간이므로 주어진 환경이나 양심에 따라 사는 것도 아름다운 일탈이고 안도의 한숨을 유발하는 보람찬 전율이다. 작고 비틀어진 모과나무가 대견스럽게 못생긴 모과 열매나마 자랑스럽게 키우고 있거든 흐뭇한 미소를 보내시길.

제5부_
문학은 언어미학의 발자취

따뜻한 손길

그대 아름다운 손에 따뜻한 나의 손
빈손인들 미안하다고 말하지 마라
나도 그만큼 빈손이라 미안해야 하니까

아무리 바빠도 바쁘다고 하지마라
언젠가는 떠나겠다는 말귀로 들려
걱정이 앞서니까

이 세상 끝까지 사랑하겠노라고
이 세상 끝까지 사랑한다고
이 세상 끝까지 사랑했노라고

인연이라 더할 수 없이 반가워도
고맙다고 말하지 마라
오로지 더 주고 싶은 마음뿐이니까.

사랑하거나 말거나 크게 상관해야 하지만 고마운 거는 고마운 거고, 미안한 거는 미안한 거다. 사랑하는 사람끼리는 미안하다는 말을 쓰면 안 된다는 어록이 있다고 쓰지 말라고 강요하는 것은 사랑할 자격도 없는 무식의 발로이다. 어찌 남의 마음까지 구속해서야 되겠는가 말이다. 하지만 여자가 바쁘다고 하면 작별이 눈앞이라는 어록은 맞다. 더하여 고맙다고 하면 언젠가는 고마움을 미안함으로 간직하겠다는 그런…. 나도 최근에 어떤 신선한 충격에 의하여 시심의 홍수에 휩쓸리느라고 고맙다는 말이 절로 나올 지경이지만 말로만 해선 미흡하기에 말머리를 돌리련다.

추사秋史 김정희金正喜는 1786년(정조10) 6월 3일 월성위 가문에서 아버지 김노경金魯敬과 어머니 기계杞溪유씨俞氏 사이에서 장남으로 태어났다. 영조대왕의 사위인 월성위月城尉 김한신金漢藎의 증손이라는 명문가의 배경과 뛰어난 실력을 바탕으로 추사는 시, 서예, 회화 등 예술과 금석학, 고증학, 경학, 불교학 등 학문 분야에서 최고봉에 다다른 조선은 물론 중국에까지 널리 알려진 국제적 석학碩學이다.

하지만 당시 조선말 19세기 불어 닥친 세도정치의 틈바구니에서 그의 가문은 큰 화를 입었다. 1830년에 아버지 김노경이 고금도古今島에 유배되더니, 10년 후인 1840년에는 윤상도 옥사가 재론되면서 추사 자신이 제주도 대정현大靜縣에 유배되기에 이른다.

유배 길은 고향인 충남 예산에서 전주, 남원, 나주를 걸쳐 해남에서 배를 타고 제주도에 이르는 길이라 바쁜데도 친구 권돈인에게 모질도耄耋圖를 그려준다.

바쁘다보니 모질도 그림의 주체인 고양이는 70세 이상 장수를 뜻하고, 나비는 80세 이상인 장수를 뜻함에도 고양이만 그려주었는데 우연인지 권돈인은 76세에 생을 마감한다.

제주도 대정읍에 위리안치 형벌을 받게 되었는데 처음 1년 동안은 서자인 상우가 수발을 든다. 하지만 상무라는 13촌이나 되는 친척을 양자로 데리자 서글픈 상우는 제주도를 떠날 수밖에 없다. 친아들이지만 서자라서 어쩔 수 없이 떠나보내야 하는 애비인들 오죽 가슴이 아팠으리. 눈물을 삼킬 만큼 미안해서 떠나는 상우에게 '시우란示佑蘭'이라는 그림을 그려서 준다. 그 그림이 몇 년 전에 '옥션미술경매'에서 시작 가격 9억에서 10억 4천만 원에 낙찰이 되었는데 안타깝게도 추사의 서자 후손이 팔았다는 기록이 없다. '시우示佑'라는 뜻은 삶이 어려울 때마다 이 그림을 보면 도움이 생긴다는 애비의 기막힌 배려가 숨어져 있기 때문이다.

후에 귀양 와서 몇 년이 지난 뒤, 추사는 제자 이상적에게 세한도歲寒圖를 그려준다. 세한도란 오랜 세월, 춥고 고통스러웠던 날을 회상한다는 의미이다. 이상적은 그 당시 역관으로써 청나라에 간 적마다 추사에게 마차 10개 분량의 책과 필묵을 아낌없이 보냈다.

이상적은 스승인 추사로 하여금 세한도를 그리게 하여 국보 180호가 되었고, 역사에 길이 빛날 추사체를 완성하게 하였으니 헌신적인 배려가 얼마나 숭고한지 세한도는 고마움에 대한 선물이다.

귀양길이라 바빠도 우정을 생각해서 그린 모질도耄耋圖나, 혈육이지만 다시 만날 수 없는 미안함에 그려준 시우란示佑蘭이나. 제자이긴 하지만 너무 고마워서 선물로 그려준 세한도歲寒圖나 다 의미심장한 작품이다.

추사는 1848년(63세) 12월 6일 사면으로 귀양살이에서 풀려났다. 햇수로 9년, 만으로 8년 3개월이라는 짧지 않은 세월이었다.

추사가 71세로 세상을 떠나자 화공 이한철에게 추사 영정을 그리게 하고 눈을 감은 권돈인, 시우란示佑蘭이 세월에 떠돌아도 오늘까지 명화로 살고 있는 눈물겨운 실화와, 국보로 간직된 세한도의 감동은 그 사람을 다시 만날 수 없어도 영원히 함께 한다는 마음의 증표이다.

들짐승의 밤

외로움도 오래 잠기면 용암이 되듯이
그리움이 오래 고이면 석탄이 된다

꽃가루를 그리워하는 암술처럼
달콤한 꿀을 숨긴 씨방처럼
불씨가 날아오면 불꽃을 피우는 산처럼

땅 속 저 깊은 곳에
석탄 가장자리에 고인 휘발성 기름처럼
굶주림에 쫓기다가 궁지에 몰린 절망처럼
어둠 속에서 빛나는 들짐승의 외눈처럼

그리움이 불씨를 만나면 푸른 눈을 뜬다
속살 깊은 밀실에서 유충들이 헤엄친다.

소망을 가지고 있다는 뜻은 내면이 결핍된 상태를 이르는 표현이므로 모자란 부분을 채워야 한다는 의미이다. 시를 쓰고 싶음도, 돈을 벌어야 한다는 욕망도, 사랑할 사람을 찾는 이유도 다 결핍에서 비롯된다. 뜻이 있는 곳에 길이 있다하였으니 원하면 이루어지는가? 간곡하게 원하면 감응하는가? 들짐승이 길짐승이 되려면 길들여져야 하는가? 일련의 의문투성이는 나의 존재를 둘러싸고 있는 현상에 대한 발현이다.
　무에서 유를 창조하는 것과 같게 무엇인가 발견하거나 창조하려면 거기에 따른 계기와 발단과 결과가 있어야 한다.
　외로움이라는 무형의 물질이 반가움이라는 보상기제를 만나지 못하면 어떻게 전이되는가? 아니면, 스스로 기진하여 소멸하고 마는가? 소멸은 그 현상에 대한 일단의 긍정이므로 문제는 없다. 그러나 오래 절실하여 파생되는 열기가 용암처럼 분화구로 분출하려는 열기가 문제인 것이다. 용암으로 변한 외로움, 수긍이 가는가? 고독에서 지혜가 싹튼다고 한다. 그래서 그리움이 오래 고이면 석탄이 된다는 의미가 타당성을 얻는가?
　어찌하여 암술은 벌 나비가 수정해 주길 기다려 꽃가루를 그리워하는가? 이 현상은 불씨를 만나서 불꽃이 되고 산불로 번지는 자연의 이치와 닮는가? 달콤한 꿀을 숨긴 씨방을 찾느라고 벌 나비는 숙명적으로 꽃 속을 파고드는데 이 상황을 염두에 두고 절박한 심정으로 결핍을 떠올려본다. 태양의 열기는 우주의 냉기에서 태동한 현상인가?

　땅 속 저 깊은 곳에 석탄 가장자리에 고인 휘발성 기름처럼 굶주림에 쫓기다가 궁지에 몰린 절망처럼 어둠 속에서 빛나는 들짐승의 외눈은 시는 태동한다. 시의 환경이 사지를 옥죄는 고통으로 발전할수록 조건은 시를 생성할 상황으로 전환한다. 그 절대적인 악조건이 절실하여 명시는 화석으로 남는 기적을 태동한다.

　시인은 시를 쓸 때 비정상적이다. 설움에서 시작한 울분이 갈 때까지 가는 동안 어떤 형태로든 결말은 나게 마련인 것이 긍정이나 부정, 능동이거나 수동이 되는 것처럼 나의 행동이나 관념은 나 아닌 것에서 나를 증명한다. 이것이 현상 출현인 것이다.

　그리움도 견디다가 폭발하면 새로운 현상이 출현하듯이 거기에 따라 현상이 푸른 눈을 뜬다. 그래서 어둠이 곧 빛의 자궁임을 깨우칠 때 결핍도 풍요만큼 가치를 부여하게 되는 거다.

　계곡은 동굴 사촌이다. 용암이 맹렬히 흘러 천정이 터지면 계곡인 것이고 용암이 잘 참으면서 지하로 해저까지 흘러서 공간을 남기면 동굴이 되는 거다. 원래 용암은 땅 속 깊이 있어야 하는데 산이 생김새로 보아 열기가 땅을 밀어올린 현상이다.

　사람들도 환경에 순응하려고 정감을 지니고 있으나 뇌 깊숙한 곳엔 용암과 같은 신명을 간직하고 있다. 다만 시인은 환희를 지혜로 탈바꿈하는 곤충을 닮은 존재로 언어를 탈바꿈하라는 사명을 지녔으므로 시 쓰는 노역을 마다하지 않는 것이다.

그리하여 언어미학에 빠진 시인은 잠시 몽유병 환자가 되어 강물 위를 거침없이 내달리는 외눈박이 목도리 도마뱀으로 환생하는 거다.

바다의 블랙박스

유사 이래 언제 바다가
수태受胎를 거부했던가
여인의 알몸 위에서 뒤트는 뱀장어처럼
곡선曲線을 그어본다
유방은 물이 잠기지 않는 부분
우리는 어떤 의문을 풀기 위해 헤엄치고 있다
아아, 바다 속 깊이
깊숙이 생성生成되어 있는 블랙홀
해저 동굴에 산소가
가득 찬 지면地面이 있을 줄이야
난파선의 음산한 고동 소리와
심해어처럼 빛나는 해골도 없이
증발해 버린
우리의 종말을 어떻게 설명해야 하나
내가 자란 어느 바닷가에서
숨 쉬는 알을 낳는 거북이를 보고
용궁의 꿈을 꾸었던
황홀한 해도海圖는 내 망막에서 지워졌다

태어나기 이전으로 돌아가야 하는가
바다는 몽유병 환자처럼
그 비밀을 숨기고
흰 피를 토하며 출렁이고 있는데.

바다는 생명의 모태이기에 수태受胎를 거부할 수가 없다. 생명의 모태라고 한들 거부한다고 단정할 수도 없다. 우주가 하는 일을 내가 어찌 알 것인가. 태양은 빛을 뿜기에 남성성의 상징이라면, 달은 태양 빛을 반사하는 반사체이기에 기다림으로 생명을 잉태하고 출산하는 여자를 의미한다. 그러므로 여자의 달거리와 바다의 만조와 간조, 초승과 반달, 보름달, 그믐달로 윤회하는 달은 우주만물의 모체를 형성하게 되는 것이다.

그러기에 바다는 수태를 하는 여인의 알몸이라서 뱀장어 무리의 산란을 돕는다고 상상하게 되었다.

'여인의 알몸 위에서 뒤트는 뱀장어처럼 곡선曲線을 그어본다'에서 곡선曲線는 무엇을 암시하는가? 지구가 원형이 아니고 직사각형이라면 어떤 현상이 일어날까? 면에서 막히고, 모서리에 부딪치는 물질은 부서지게 된다. 그런 의미로 곡선은 회전을 원활하게, 절묘하게 하기 위한 신의 배려이다. 인체도, 물고기도 유선형인 것도 원활한 이동이 가능할 수 있도록 율동 능력을 부여한 것이다. 유방이 가슴에 돋게 한 것도 아기를 물속에 잠기지 않게 하기 위한 생래적인 인체의 신비다.

해저에도 블랙홀이 있다고 본다. 우주의 블랙홀(black hole)은 그 경계(상상의 지평선)를 지나면 어느 것도 빠져나올 수 없는 시공간 영역이다. 상상의 지평선을 넘어서면 블랙홀의 중력에 대한 탈출속도가 빛의 속도보다 커지므로 원래 있던 곳으로 다시 되돌아 갈 수 없게 된다.

블랙박스(Black Box)는 비행기록 장치와 비행영상 저장장치, 조종석 음성 기록 장치를 말하는 것이며, 비행 중의 상황을 재현할 수 있도록 비행 상태, 조정석 안의 목소리나 교신을 기록하기 위한 비행기에 탑재된 탐지기구이다. 해저를 탐험하는 잠수함도 블랙박스(Black Box)로 해저 동굴에 산소가 가득 찬 지면地面을 찾아 나서고 있다고 이 시는 상상의 지느러미를 흔들고 있음이다.

블랙박스(Black Box)로 난파선을 찾아냈다. 난파선에서 들리는 음산한 소리와 심해어처럼 빛나는 해골도 없이 증발해 버린 우리의 종말을 어떻게 설명해야 하는지 상상은 끝없이 줄기를 뻗는다.

내가 자란 바닷가에서 숨 쉬는 알을 낳는 거북이를 보고 용궁의 꿈을 꾸었던 황홀한 해도海圖를 잃어버렸으니 이미 용궁으로 가는 길은 어긋나게 지워지고 늙은 나는 점점 상상력을 잃어가고 있다.

바다에 잠긴 무명無明의 돌멩이처럼 심해에 잠긴 해골이 보이지 않음이 안타까워서 부디 바다에 용궁이 있기를 바라서 시를 썼다. 영원한 회귀의 안식처에 쉬고 있다는 당위성을 구하기 위한 수단으로 해저동굴에 산소가 있다는 상상의 세계를 확보한 거다. 그 미지의 세계에서 거듭 생명을 얻는다는 설정은 인간의 꿈속에 존재하는 파라다이스의 표출이다.

태어날 때 죽음을 염려하지 못했다. 그러나 죽음을 예상하고 태어나는 것은 카오스(Chaos)를 부정하는 것이다. 하지만 생명의 근원을 알고 싶다. 태어나기 이전으로 돌아갈 수 있다면 우주의 비밀을 알 수 있을 것인가? 무정한 바다는 몽유병 환자처럼 그 비밀을 숨기고 오늘도 흰 피를 토하며 출렁이고 있건만.

바람의 끝

살아있는 동안에도
침묵의 시간이 있음을 안다
침묵의 시간만큼
절망의 거리가 있음도 알았다
절망하는 내가
참된 내가 아니므로
나는 스스로 일어서야 한다
모든 현상은 시간이 흐르듯이
어떤 형태로든 끝을 만든다
내 뜻과 다르게
내가 만들어낸 결과로 끝나는 것이다
땅 끝에 서서 쓰러질 때까지
아직은 침묵의 시간이 남아 있다
절망을 다스릴 공간이 저기에 있다
어떤 형태를 만들기 위하여
나는 역동적으로 흔들려야 한다
물이 물결치듯이 바람이 나부끼듯이
나는 나의 뜻대로
바람의 끝을 만들어야 한다.

내가 이 세상에 태어난 것이 우연인지, 필연인지 몰라도 나는 나의 뜻대로 바람의 끝을 만들어야 한다. 이것이 존재이유이고 존재가치이다.

나는 왜 나인가? 그대는 왜 그대인가는 순전히 나 아닌 것으로 이루어진 물질의 변형이고 형태의 현상이다. 그러므로 곤충의 생김새를, 새벽이슬의 폭파를, 그대의 손에서 전해오는 온기를, 창가에서 기웃거리는 달빛을 나는 보는 것이다. 듣는 것이다. 느끼는 것이다.

그렇게 살지 말라고 탓할 수는 있는 것도 나 아닌 것들의 불만이며 형태이며 현상이다. 살아있는 동안에도 침묵의 시간이 있음을 안다. 안다고 했지만 과연 얼마나 알 것인가?

침묵의 시간은 광대무변한 우주의 권역이다. 나는 오직 나일 따름이라서 대단한 존재가 아니고 망망대해에 잠시, 아주 잠간 떠 있는 깨알 같은 존재, 지금도 그러하지만 아직은 버텨야 하므로 그런대로 살고 있음이다. 그러나 혹은, 그러므로 절망의 거리가 너무 커서 감당하기 어려우면 눈을 감아야 한다는 체념의 공간이 나를 우주의 영역에 포함시키는 거다. 그렇다고 자아 상실은 아니다.

강조하거니와 체념이나 하려고 태어난 건 아니다. 체념은 나중의 일로, 절망하는 내가 참된 내가 아니므로 나는 스스로 일어서야 한다.

내 것이 하나도 없었던 세상, 그렇다고 나라는 인식만 제하고 보면 여태 빈손이다. 그러므로 입을 준 이유와 항문이 있는 당위성에

때로는 짐승처럼 표독스러워야 하고, 때로는 도인처럼 어리석어야 하리라.

시간은 물 흐르듯이 흘러간다. 모든 현상은 내 뜻과 다르게 어떤 형태로든 끝을 만든다. 어쩌다가, 어쩔 수 없이, 어떻게 해서 내가 만들어낸 결과로 끝나는 경우도 있긴 하겠지. 내가 쓴 시도 달밤에 나왔다가 땡볕에 말라죽은 지렁이 꼴이다. 하지만 이것도 현상의 변형이거나 착란이거나 허공에 떠다니는 물기 머금은 구름 한 조각일 수가 있다. 내가 나일 수밖에 달리 없으니 절망이야 원하지 않아도 당연히 닥쳐올 일이므로 주어진 순간마다 어떤 형태를 만들기 위하여 나는 역동적으로 흔들려야 한다.

땅 끝에 서보자. 우뚝 까지는 아니더라도 나무에 기대서서 쓰러질 때까지 절망을 다스리자. 내 숨결이 흩어질 공간이 무척 남아 있으므로 침묵의 시간을 나의 뜻대로 다스려야 한다.

물은 오직 물이기에 물결치듯이, 누군가가 옮겨온 부피만큼 바람도 옮겨가야 했기에 구름을 끌어안고 저렇게 멀어지고 있다. 나 아닌 것들로 이루어진 세상, 새가 허공에 발자국을 남기지 아니하는 것도 다시 오는 바람에게 허공을 내준 현상이므로 내 숨결이 그토록 나부끼려 하듯이 나는 광년의 순간 중에 아주 잠시나마 정녕 나의 뜻은 아니지만 나의 소망의 끝을 만들어야 한다.

벙어리 바이올린

들꽃들도 아름답게 피어
먼 산을 바라보는 나에게
향기 섞인 바람을 보내어
접사로 눈여겨보게 하는데
내 품에서 꽃 피던 그대는
어느 날 벙어리 바이올린
벙어리 냉가슴이라는 독백
소금 창고처럼 짜고 짜다
활을 잃어버린 탓일 게다
그 바이올린만 벙어리일까
연주하지 못하는 작곡가도
그리움 못지않게 슬퍼져선
머뭇거리다가 돌아선 그곳
길을 내었거나 여백이거나
눈물겨운 얼음 궁전이기에
석양도 꽃이 되어 시드는가.

시는 운문이다. 음보가 있으므로 내재율이 생긴다. 이 시는 음수율을 계산하진 않았지만 글자 수의 길이를 비슷하게 나열하여 리듬감이 생기도록 꾸몄다. 시는 다의성을 함축하므로 리듬만으로는 모자라다.

여기서 바이올린은 떠나간 임을 암시하는 상관매개물이다. 즉, 활이 없는 바이올린처럼 벙어리가 되고 말았으니 박제된 꽃이라고나 할까, 이제 체념해야 할 추억임을 암시하느라고 행간을 꾸렸다.

그렇다면 왜 가슴에서 향기롭게 꽃 피던 연인이 갑자기 벙어리 바이올린처럼 마음이 차갑게 변했느냐는 질문이 있을 수 있다. 이 상황은 길을 가다가 우연히 어린 시절에 헤어져서 각자 살다가 자신의 사진을 보듯 닮은 쌍둥이 동생을 만날 수도 있는 거고, 길에 쓰러진 취객을 보면서 스칠 수도 있는 경우와 같다. 시시각각으로 시간이 변하듯이 시시각각으로 새로운 상황을 만나게 된다. 이것을 필연적인 조우라고 한다.

필연적인 조우는 자신이 원하지 않아도 형성되는 피동의 상황전개이므로 어찌 보면 기다리던 버스가 와서 탔다는 서술도 우연히 형성된 피동의 상황전개라고도 인식할 수 있다. 그러니까 나를 중심으로 일어나는 모든 현상이 발생해야 전개되므로 세상은 나를 위하여 존재하지 않는다는 사실도 깨닫게 된다.

벙어리 바이올린은 타인의 행동이다. 연주하지 못하는 작곡가도 그 아픔만큼 벙어리 냉가슴을 앓게 되는 거다. 부정과 긍정의 상황에서 머뭇거리다가 돌아선 그곳에 새로운 길을 내었거나 여백으로 남겨 두었다고 한들 떠난 임의 가슴은 눈물겨운 얼음 궁전이기에 하루를 마감하는 석양도 꽃이 되어 시들고 만다고 안타까움을 들어냈다.

김소월의 시에는 한국 전통시의 서정을 극명하게 보여주는 시 '실버들'이 있다 안치행 작곡가의 곡으로 가수 희자매가 불러서 히트쳤다. 한 때 즐겨 읽었고, 즐겨 들었던 노래라서 시를 외울 수 있을 정도다.

'실버들을 천만사 늘여놓고도 가는 봄을 잡지도 못한단 말인가. 이 내 몸이 아무리 아쉽다기로 돌아서는 임이야 어이 잡으랴. 한갓되이 실버들 바람에 늙고 이내 몸은 시름에 혼자 여위네.'

안타까운 봄날이 가고 있음에 대응하여,

'가을바람에 풀벌레 슬피 울 때에 외로운 맘에 그대도 잠 못 이루리. 한갓되이 실버들 바람에 늙고 이내 몸은 시름에 혼자 여위네. 가을바람에 풀벌레 슬피 울 때에 외로운 맘에 그대도 잠 못 이루리.'

가을밤의 고독을 적나라하게 읊은 실버들은 내재율의 극대화로 눈물겨운 감동을 자아낸다.

삼천리금수강산에 초록 그물인 실버들을 겹겹이 천만사 늘여놓고도 가는 봄을 잡지도 못했다는 영탄은 가히 절창이다. 이 정서를 붙잡고 시대를 조금 더 올라가면 매창梅窓(1573~1610)의 '이화우梨花雨'를 만날 수 있다.

이화우梨花雨 흩날릴 제 울며 잡고 이별한 임
추풍낙엽秋風落葉에 저도 나를 생각하는가
천 리에 외로운 꿈만 오락가락 하노라

이화우 흩날리는 봄과 추풍낙엽이 뒹구는 가을의 거리만큼 외로운 꿈만 떠돈다는 공간 개념도 큰 울림으로 심중을 두드린다.
그래서 나도 흉내 내어 대춘待春이라는 시를 쓴 적이 있다.

울면서 온 길을 울면서 가오리다
실바람 불어와 흩날리는 꽃가루
그리워하면 꽃향기 보내리라

노을이 들면 긴 그림자 서고
달이 뜰 때마다 키가 크는 나무
그대 없는 꽃길 울면서 가오리다.

최근에 발표되는 시를 보면 뜻은 고사하고 무슨 말인지 도통 알 수가 없어서 곤욕을 치루기도 한다. 그렇다고 부끄러운 일은 아닌 것이 50년이 넘도록 시를 쓰고 23권의 문학 관련 책을 내느라고 70세가 넘도록 한글로 책을 읽었음에도 혜성 같이 나타난 젊은 시인의 시를 이해하지 못하다니 스스로 어처구니가 없긴 하다. 하여간에 작품에 비하여 유명세가 더해서 궁여지책으로 난해시나 사이비 시를 쓰고 있는 것은 아닌지 그 작품세계가 궁금하긴 하다.

빗방울 연가

이마를 적시던 빗방울이 가슴속 빗물이 될 줄이야
살아서 이별은 죽어서 맞이한 이별의 슬픔 두 배
살아서 다시 만남은 죽었다가 다시 살아나는 기쁨
살아서 만나지 않으면 죽은 이별보다 더 서럽기에
살아도 영영 이별로 끝나면 깨진 유리잔과 같기에
이마를 때리던 빗방울이 눈물 보석이 될 줄 몰랐다.

이 시는 영탄시의 범주에 속한다.

이마를 적시던 빗방울이 가슴속 빗물이 될 줄 몰랐다거나 살아있음에도 이별을 해야 하는 상황은 서로 죽어서 맞이한 이별과 같으므로 헤어졌다가 다시 만난 경우는 살아서 맞이하는 기쁨이 두 배라고 구구절절 하소연하고 있지만 복에 겨운 넋두리에 불과하다.

우리나라 영탄시의 백미는 김소월의 '초혼招魂'이다.

산산이 부서진 이름이어!
허공중에 헤어진 이름이어!
불러도 주인 없는 이름이어!
부르다가 내가 죽을 이름이어!

심중에 남아 있는 말 한 마디는
끝끝내 마저 하지 못하였구나.
사랑하던 그 사람이어!
사랑하던 그 사람이어!

붉은 해는 서산마루에 걸리었다.
사슴의 무리도 슬피 운다.
떨어져 나가 앉은 산 위에서
나는 그대의 이름을 부르노라.

설움에 겹도록 부르노라.
설움에 겹도록 부르노라.

부르는 소리는 비껴가지만
하늘과 땅 사이가 너무 멀구나.
선 채로 이 자리에 돌이 되어도
부르다가 내가 죽을 이름이어!
사랑하던 그 사람이어!
사랑하던 그 사람이어!

워낙에 명시라서 초행부터 '산산이 부서진 이름이여'라는 탄식에서 이름을 유리잔처럼 깨져서 산산조각이 나는 비극을 목도하게 되어 '허공중에 헤어진 이름이여'로 비장미의 행간을 흘러간다. 길모퉁이만 어긋나게 돌아도 영영 못 만나는 경우가 허다한데 허공중에 헤어졌으니 체념은 절정에 이른다. 더하여, '불러도 주인 없는 이름이여'는 그 이름은 잊었지만 그 음성 그 손길은 내 심중에 남아 있다는 감성 또한 눈물겨운데 '부르다가 내가 죽을 이름이라는 대목에선 그만 가슴이 먹먹해진다.

이 비장미를 어떻게 토해냈을까? 기록에 의하면 그의 생애는 유년시절부터 파란만장하다.

전통적 민중정서에 기반을 둔 7·5조의 민요풍의 작품을 써서 한국의 대표적 서정 시인이 된 김소월(金素月:1902-1934)의 본명은 정식. 1902년 8월 6일 평안북도 곽산에서 출생하였다.

1904년 처가로 가던 부친 김성도는 정주군과 곽산군을 잇는 철도 공사장의 일본인 목도꾼들에게 폭행당한 후 정신 이상자가 되어 어린 김소월은 광산을 경영하는 조부의 손에서 컸다.

오산학교를 다니는 동안 김소월은 왕성한 작품 활동을 했으며, 1925년에는 생전의 유일한 시집인《진달래꽃》을 발간했다. 1916년 오산학교 재학 시절 고향 구성군 평지면의 홍단실과 결혼했다. 이 무렵 서울 청담동에서 나도향과 만나 친구가 되었고《영대동인》으로 활동했다. 1923년에는 도교 상업대학교에 입학하였으나 관동대지진이 발생하자 중퇴하고 귀국했다.

김소월은 고향으로 돌아와서 조부가 경영하는 광산 일을 도왔으나 사업이 도산한다. 빚에 쪼들리자 처가인 구성군으로 이사하여 삶을 이어나갔지만 구성군 남시에서 개설한 동아일보 지국마저 실패하는 바람에 극도의 빈곤에 시달렸다. 친구들의 외면, 친척들의 천시는 오죽 했을 것인가.

빚더미가 소중한 내 가족의 내일을 위한 사랑을 방해하는 절망의 늪이 될 거라는 불안의식을 견디려고 시를 쓰면서 침묵으로 휩싸인 절망을 이어나갔다.

그러나 1934년 12월 24일 구성군 서산면 평지동 자택 안방에서 다량의 아편을 먹고 음독자살한 시체로 발견된다. 12월 24일은 서

구에서는 크리스마스이브를 기리는 축제날이지만 우리에겐 시인 김소월을 잃은 날이기도 하다. 그의 나이 고작 서른 둘, 아내와 3남 2녀가 곤히 잠들어 있는 차가운 겨울 새벽에 소월은 자살을 결행한 것이다.

초혼招魂은 무속巫俗에서 죽은 이의 넋을 부르는 제사의식과 관련이 있다. 심중에 남아있는 말 한 마디도 하늘과 땅 사이가 너무 넓어 통곡한다는 시인의 심중이 상징적으로 드러난다. 세상을 떠났지만 떠나보낼 수 없는 그 이름은 소월이 22세 되던 해에 지병으로 세상을 뜬 첫사랑이라는 말도 있다.

영탄시의 특징은 종결어미가 여, 하리, 소서 등 청유형이 태반이다. 그리운 이여, 만나리라, 온전하게 하소서 따위로 흉내를 내기도 하는데 나라의 주권을 잃은 일제강점기도 아니고, 빚에 쪼들리지도 아니하고, 젊은 나이에 자살은커녕 70이 넘도록 잘 살면서 시까지 명시를 쓴다는 것은 천우신조가 아니라면 언어도단이다. 헐벗고 굶주려야 시심이 증폭한다. 날마다 등 따습고 배가 부른데 탄식할 일이 무엇이랴. 사이비면 모를까.

강가에서 듣는 노래

너는 앞 강물
나는 뒤 강물
흘러가고 흘러갈 거다
다른 강물도 흘러간다

기차는 이미 떠났는데
개울 건너 통나무집에
우리들의 웃음소리가 들리듯
기적소리는 산모퉁이에 있다

강 위에 뜬 구름처럼
울지 말고 고개를 들라
다 흐르는 강물이다
다들 지나온 순간이다

무량세월이 있기에
종류석이 크듯이
추억은 낙엽 배가 되어
흘러가고 흘러갈 거다.

시에서 제목은 시의 이름이다. 누가 이름을 불러줘야만 존재가 확연히 나타나는데도 이름 짓기가 불편하다고 산1, 산2 식으로 숫자를 삽입하여 구분하는 시인들도 많다. 그렇다고 해서 누가 탓하진 않겠지만 이름을 듣는 시의 입장에선 섭섭하다. 알파고도 느끼지 못하는 영혼의 감흥을 기계에서 조립한 거나 같으므로 나는 시를 위하여 제목이 다 다르다.

그렇다고 거창하게 한라산이라고 이름 지은 시는 없다. 민족의 명산인 한라산을 시로 표출할 만큼 능력이 있느냐고 자문을 하면 저절로 알아진다. 그래서 '한라산의 여명'이나 '제주도 모산母山'으로 제목을 따로 정하여 일정 부분이나마 시로 표출할 수가 있어서 양심이 견딜만했다.

여기 '강가에서 듣는 노래'도 강이라는 자연과 노래라는 예술의 결합을 암시하는데 노래를 부를 것인지, 들을 것인지 갈림이 생긴다. 들으면 자연이 불러주는 소리를 듣는 거고, 부르면 자연의 존재를 인간이 노래로 상찬하는 거다.

네가 앞서가는 것을 보고 나도 따라서 가는 것이 인생이고, 강물의 흐름이므로 너와 나를 포함한 모두 다 흘러간다고 서술한 것은 세월의 속성을 말함이다.

이어서 개울 건너 통나무집에 우리들의 웃음소리가 아직도 남아 있듯이 기차는 이미 떠났는데 기적소리는 산모롱이에서 서성이고 있다는 착상도 세월의 덧없음을 비유한 미련이다.

이 시는 보다시피 네 개의 연에 16행으로 되어있다. 한시작법인 기승전결을 차용했음이다.

각 연은 연 하나만으로도 시적 요인을 확보해야만 연으로서 효과가 있다.

연의 배열로 보아 두 번째 연을 세 째 연으로 옮겨놓아야 내용이 더 깊어지지만 강 위에 뜬 구름처럼 다 흐르는 강물이고 다들 지나온 순간임을 강조하기 위한 방편으로 그냥 썼다.

강의 도도한 흐름은 공평하다. 무량세월 또한 무한하다. 강변 천연 동굴엔 종류석이 크고 박쥐가 살고 있듯이 너와 내가 더불어 살았다는 추억은 점점 희미한 흔적으로 흘러가고 만다. 그렇게 어디 가서는 사라지고 만다.

시를 쓰다보면 가끔은 도자기 굽는 노역하고 비슷하다는 생각이 든다. 틀과 점토의 질, 크기에 따른 형태, 모양에 따른 곡선이라든지 불의 열기에 따른 변화와 고정시점이 절묘해야만 원하는 작품이 나오니까 하는 말이다. 그래서 도자기에 흠결이 생기면 깨뜨려야 하는 것이 도공의 자존심이다.

허나, 어떤 시인들은 자신의 작품이 허접한 줄도 모르고 당당하게 발표하는가하면, 미흡한 줄을 알면서도 정성을 다하지 못한 미안함도 구걸할 겸, 양해 바란다는 뜻으로 졸시拙詩 라고 버젓이 토를 다는데 이건 어불성설이다.

'졸시拙詩'라는 뜻을 구태여 풀이하면, 치졸하고도 미흡한 시이므로 하찮게 보아도 좋을 작품이라는 말이다. 그렇다면 졸시拙詩를 대하는 독자의 심중은 어떠할 지 유추해 보자.

졸시를 쓴 시인의 우월감에 동조하여 졸시가 이 정도면 제대로 된 시는 대단할 것이라는 긍정적인 태도와, 졸시를 내 보낼 거면 더 잘 써서 발표해야 되는 것 아니냐고 반문할 수도 있다.

그러므로 시는 애매모호한 속성을 가지고 있다는 핑계로 시인의 손을 떠나면 독자의 몫이라고 그럴 듯하게 둘러대는데 무책임한 발상이다. 시를 어떻게 썼는지 밝히지 못하는 것은 시를 유기견 신세로 만드는 꼴일 수도 있음을 명심해야 한다. 그러다 보니 시 한 편 쓰지 않고도 시인보다 시를 더 잘 아는 평론가는 관심을 두지 않는 경우도 허다하다. 그런데 문제는 시 공부를 따로 하지 않은 독자들은 시를 잘 모르니까 관심도 별로 없고, 시가 뭐 그런 것 아니냐며 대충 넘긴다.

이 시는 쉽게 썼지만 어떻게 썼는지 내력을 밝혔으므로 졸시拙詩는 아니다.

갈림길 연서

동 틀 무렵이 가장 어두운 시간?
그래서 황혼이 그토록 아름다운 것?
대낮이 웃으면 어쩌려고 그런 말씀을
깊은 밤이 눈을 흘기면
어쩌려고 그런 발상을
그래도 그럴듯하지 않은가
갈림길이 그냥이라면 무슨 재미인가
이별의 아픔은 고개 같은 고비
재회의 포옹은 고비 너머 평화
추억은 오랠수록 전설이 되었지만
아직도 내 기억은 지을 수가 없지
망각이라고 한들 그 때 그 곳에
영원으로 남은 공간의 배경이므로
오늘도 동이 트고 노을은 진다
날마다 감사하다고 기도하면
다시 새로운 새벽이 오는 것을.

동 틀 무렵이 가장 어두운 시간이다. 맞는 말인가? 대낮이 웃으면 어쩌려고 그런 말씀을 쉽게 하는가. 어둠의 길목인 황혼도 그토록 아름답다고 하는데 한 밤중이 눈을 흘기면 어쩌려고 그런 발상을 하는가?

　그래도 그럴듯하지 않은가. 갈림길이 그저 그렇다면 무슨 재미인가. 동 틀 무렵은 산고의 과정이다. 새로운 하루를 낳는다고 새벽이라고 쓰고 일출이라고 읽는다. 사유의 닻을 더 깊이 내리면 뜨거워진 물이 끓는 현상은 열의 축적이거나 물의 증발에 따른 비등점이고, 서 있던 사람이 갑자기 길바닥에 쓰러지는 돌발 사고는 잠재된 질병이 돌출행동을 하게 만든 비극적인 표현이다. 동 틀 무렵의 긍정적인 사례로는 10년 적금을 부어서 드디어 십년 만에 오천만 원을 손에 쥔 사례가 있다. 이 거금은 동 틀 무렵을 견딘 인고의 선물이다.

　고개는 고비와 비슷하다. 산이나 언덕을 넘어 오르고 내리게 된 곳이 고개로 오를 때는 무게의 하향 때문에 힘들지만 내리막에서 내려다보는 전경은 새로운 풍미를 느끼게 해 줄만큼 마음의 여유가 생긴다. 반면에 고비는 사물의 요긴한 기회나 한창 막다른 절정이라지만 고개와 닮아서 고비를 넘기면 안도의 숨을 내 쉬어도 되는 평화가 깃들게 되는 거다. 달리 말하자면 동굴 속에서 헤매본 자가 동굴 밖의 편안함을 알게 된 이치와 비슷하다.

　밤낮의 교차 없이, 슬픔의 심연과 기쁨의 신명도 없이 순탄하기만 하고, 삶의 행보로 평지만 원한다면 무슨 재미냐는 거다.

문학청년이 멋져보여서 습작시를 쓰던 젊은 날을 회고해보면 오늘에 이르도록 가파른 고개와 위험한 고비도 많이 넘고 넘겼다. 시를 쓰려고 백지와 펜을 준비하고는 넘치는 젊음을 시로 승화시키려고 애를 써도 도무지 시가 써지질 않아서 스스로 갈등한 적도 많았음을 고백한다. 시작詩作도 기능이라서 수련과정을 견디어야 깨우침을 구하게 되었듯이 절필을 각오한 고비를 넘긴 후에야 겨우 자족할 만한 시를 쓰게 된 거다. 그런 고통의 있음이 내심 자랑이라서 이렇게 자작시를 옹호하게 된 거다.

아무튼 시인으로 사는 나는 시가 나를 증언하는 증거이므로 이별의 아픔이나 재회의 포옹도 날이 가고 달이 가듯 추억으로 포장한 물건이 되고 과거의 창고에 저장한 골동품이 되는 거다.

드디어 내가 나를 망각하여 내가 살았다는 흔적은 애초에 남들이 모르고, 사연의 주인공인 나조차도 망각으로 분실했다고 한들 그 때 그 곳은 영원으로 남아 있기에 나와 관련된 증거물이다.

나하고 관계없이 내일도 동이 트고 노을이 질 것이므로 발 씻고 습관처럼 자고 있으면 고개나 고비 없이 새벽이 오고 그동안 게을렀던 나는 가난의 고개에서 병까지 얻었으니 이 고비를 어떻게 넘길지 잠을 이루기가 점점 힘겹다.

구도構圖

가로 부는 바람결에
빛살무늬 지는 달빛
흰 손가락이
한 개의 능금을 쥐려고 한다
능금 그림자엔 칼이 눈부시다
반으로 쪼갠 능금 살엔
물방울이 열리고
칼끝이 달빛에 닿는 동안
어둠 속으로 기어가는 능금껍질
쟁반 위엔 손가락이 없다.

썩은 무화과 열매에 개미가 들락거린다. 그동안 구축했던 구상이나 추상보다는 새로운 영상 세계를 열고 싶은 욕망에 골똘했다. 매미를 눈여겨보면서 실제를 시력이 아닌 심안으로 대하면 실체는 어떻게 변하는지 의문을 품고 'Digiart'라는 테마로 새로운 공간작업을 펼쳤다.

테마로 정한 'Digiart'란 무엇인가?

고성능 카메라는 과초점거리(過焦点距離, hyperfocal distance)를 연출할 수 있는 고정 초점이 내장되어 있다. 과초점거리란 렌즈의 초점거리를 무한대에 맞추었을 때 카메라로부터 모든 피사체가 선명하게 초점이 일치되기 시작하는 가장 가까운 지점까지의 거리를 말한다. 따라서 과초점거리에 초점을 맞추게 되면, 과초점거리의 절반부터 무한대까지는 모두 선명하게 나온 사진을 얻을 수 있게 된다.

피사계심도 렌즈에 의하여 상이 뚜렷이 맺히는 점(초점)은 이론적으로는 1개소 밖에 없지만, 실질적으로는 어느 정도의 거리 범위 안에서는 앞뒤로도 선명히 찍힌다. 사물과의 정적선인 거리에서 점으로 인식되는 착란원의 최대 허용한계를 뜻한다. 인간의 시력과 카메라 렌즈의 기능을 교묘히 활용하여 새로운 촬영 기법을 통한 인화에 그만큼의 변화를 예상하고 채색하면 어떤 현상이 나타날 지, 그 시도가 인화지에 나타날 창작 모티브가 된다.

대체적으로 자연의 색은 순수하기에 햇살은 지구와의 거리로 다른 물체의 밀도에 따라 음영이 달리 보인다. 바다에서 떠오르는 아침 햇살 사이로 비취는 구름, 한라산의 단풍, 봄 아지랑이로 움트는 새싹, 싱그러운 이슬방울을 매단 나뭇잎, 소박한 물결무늬, 또한 강변 나목의 눈꽃에서, 오솔길에 누워있는 낙엽더미나 거리를 떠도는 은행잎에서 시시각각으로 그 공간과 시각에 맞는 존재의 색감을 찾을 수 있다고 피력하고 있다.

자연에서 원형질을 찾고 자연에서 잎이 나고 자연에서 꽃이 피고 그 꽃이 진 자리에 영그는 과일의 존재를 생태의 신비로 설정하고 사물이 복제된 인화지에 색감의 조화를 다양하고 과감하게 배합한다. 그리하여 '실제와 가깝게'를 전제로 'Digiart'가 장착된 카메라로 찍어낸 디지털 사진에 물감을 다시 첨가하면서 작위적인 붓 칠을 덧대면 '실제와는 다르게'의 창작영역을 구축하게 된다.

아무리 원형을 일그러뜨리거나 속여도 속성은 감출 수 없다는 전제하에 창작한 예술작품은 존재의 비의備擬를 찾기 위한 점묘點描와 미세微細를 염두에 둔 작업이기에 원형과 다른 새로운 존재로 부활하기 위한 노력의 결실이다. 존재의 비의를 점과 배경으로 슬쩍 내비치면서도 존재 자체가 현란하지도, 그렇다고 단순하지도 않은 중용의 색을 구하는 과정이 창작의 용광로이다.

이 시도 그러한 관점으로 점묘點描와 미세微細를 염두에 두고 썼다.

바람이 다가오는 모습을 가로로 보고 달빛을 빛살무늬로 덧대고 흰 손가락이 한 개의 능금을 쥔 영상으로 구도를 짰다. 능금 그림자엔 댄 칼이 달빛을 받아 눈부시게 반사하고, 반으로 쪼갠 능금 살에 과즙이 물방울처럼 열린다고 영상을 추적했다. 칼끝에 달빛이 쪼개지는 동안 '어둠 속으로 기어가는 능금껍질'이라는 묘사는 시야를 비껴난 여백처리로 '쟁반 위엔 손가락이 없다.'고 마무리하였다. 아무튼 이러한 영상시와 맥락이 다른 영탄시에도 '열매는 비바람에 익고 눈보라에 썩어야만 씨앗은 새봄을 만난다.'는 어록을 남기고 싶다.

달빛의 침묵

달빛 아래서는
고무신 한 짝이나
나룻배 한 척이나
비슷하게 보인다

달은 거대한 동굴
여기 내가 갇혀 있어서
달빛은 크나큰 동굴 벽

내 고독
아무도 모르니까
종이배를 물에 띄우듯
벽화를 그린다

저기 누워있는 백골
눈자위 뼈에
동그라미를 그린다.

달빛 아래 백골이 창백하게 누워 있다. 환하게 보이는 것 같지만 전혀 자신의 의지가 아니고 피동의 대상이기에 그냥 빛을 입고 있어 무채색으로 보이는 거다. 손을 내밀어 들어본다. 누군가의 머리를 내가 들고 있는 거다. 두개골 생김새를 눈여겨보기 위한 물건에 불과하다. 달빛 아래선 나룻배 한 척이나 고무신 한 짝이 비슷하게 보이듯이.

달은 멀리 떠 있다. 눈에 보이니까 가까이 있는 것 같지만 아주 멀리 있어서 내 능력으로는 그 곳에 갈 수는 없다. 그래야 되는 것처럼 달을 바라봐야만 하는 신세가 안타깝다.

모든 사물이 존재 이유가 있듯이 달은 달로서의 존재가치가 있다. 있기 때문에 있음을 구분하기 위하여 생래적으로 부여받은 역할이 있다. 그 걸 분별하기 쉽게 하기 위하여 이름이 붙는다. 그래서 달이 해와 다른 거다. 달은 달이어야 한다는 전제는 한계이며 그 사물의 속성이다. 지구에 내가 살고 있음도 정해진 운명이다. 점을 치고 미래를 미리 안다면 정해지지 않은 미래가 점을 친 점괘에 따라 의도적으로 바꾼다면 세상은 카오스의 혼돈을 겪을 것이므로 달빛은 크나큰 동굴이라고 애매모호를 취했음이다.

내 의지와는 상관없이 우주로부터 와서 우주로 돌아가야 한다는 대명제는 나를 고독하게 한다. 어쩔 수 없는 피동, 이것을 절대고독이라고 부른다.

어릴 적, 종이배를 만들어서 냇가에 띄운 적이 있다. 내가 만든 종이배는 내가 만든 종이배로서 차츰 물에 젖다가 종국에는 흠뻑 젖어서 찢어지고 말았다. 종이배를 접는 일이나 종이배가 없어진 일련의 사태는 종이배의 한계를 증명한다. 결국은 소멸로 끝날 줄 알면서도 피동의 동굴에서, 결핍의 몸부림으로 벽화를 그리는 이유는 존재를 능동으로 지속하려는 인간의 항거이다.

   X선 사진으로 두개골을 들여다보면 살아 있어도 뼈로 추려낸 백골 그림이 보인다. 분명 다른 두개골과는 다름에도 나의 두개골 사진도 흑백의 필름으로 뼈와 뼈가 아닌 부분이 나타날 뿐이다.

   나의 세포 조직을 남겨두었다가 인체공학이 발전하여 나의 복제 인간을 만들었을 경우를 대비하여 삶의 궤적을 그린 자서전과 희로애락을 기록한 시 천 편을 주입시켰을 경우, 어느 정도 나하고 같거나 닮을 지 궁금해서 세수하다가 문득 거울 앞에서 찡그려본다.

   같은 공간에서 펼쳐지는 시간이 순간마다 절대적으로 다르기에 우주는 생동을 획득하고 영원으로 행진한다는 사실을 알면서도,

허공으로 흐르는 강물

하늘의 영광보다는
지상의 쾌락이
하늘의 찬미보다는
지상의 고독이
허공의 구름보다는
흙 위의 풀밭이
돌아서면 등 뒤에
버림받은 내가 있다고
죄가 죄를 낳는 새벽
지상의 욕망보다
하늘의 묵계가
지상의 율법보다
양심의 두려움이
돌아서고 돌아서도 눈앞에
눈빛 그윽한 내가 있다고
투명한 강물은 황금빛 절벽.

허공은 공기보다 무거운 것들을 지상으로 내려 보낸다. 공기보다 무거운 물체는 중력이 형성되므로 서로 당기는 힘이 있다. 공기보다 무거운 물체는 도달점이 절대 필요하므로 도달점을 형성하는 물체를 만나기 위한 물체 질량에 의한 가속이 인력으로 나타난다. 뉴턴은 지구의 전 질량이 지구 중심에 모여 있다고 가정하고 그 물체와 상호 작용하게 된다고 결론지었다. 물체가 높은 곳에서 떨어지는 것이나 물이 낮은 곳으로 흐르는 현상을 예로 들었다.

지구를 중심으로 서로 끌어당긴다고 하지만 끌어당기는 힘이 대등하면 가속이 붙어도 일정거리를 유지하게 된다. 달이나 해가 지구와 맞먹는 인력으로 중력을 유지하고 있으므로 충돌을 방지하고 있음이다.

사과나무에 매달린 사과는 사과나무의 중력에 의하여 허공에 머물지만 익어서 꼭지가 떨어진 사과는 지구의 표면으로 굴러 떨어지게 된다. 사과가 지구에 떨어지는 이유는 지구의 당기는 힘이 사과의 당기는 힘보다 훨씬 크기 때문이므로 사과를 먹으려면 사과를 집는 손에 사과를 씹어 삼키는 입이 사과보다 강해야 한다는 당위성이 성립된다. 그러나 비행기가 창공을 나는 이유나 잠수함이 물속에서 항해하는 현상에 대한 원리는 복잡하므로 언급을 회피하련다.

이 시는 삶의 진면목을 이분법으로 풀어 썼다. 소망하고 기도하고 축원을 받는 천국의 행복보다는 결핍과 고통으로 점철된 세상이지만 사랑하는 여인과 육체관계를 맺고 가정을 꾸리고 살다가 기꺼이 소멸하겠다는 인간 의지를 표현했다. 그러니까 영원히 썩지 않는 황금사과가 되기보다는 기꺼이 썩어서 개미 떼의 먹이가 되어도 좋다는 의미이다. 하늘의 찬미보다는 지상의 고독이 값지다고 했으며, 허공의 구름보다는 흙 위의 풀밭이 더 가치 있음을 갈파했다.

만물에 인력이 있다지만 생명은 생각으로 이루어졌다는 일체유심조를 떠올리면 내 삶의 가치가 달라지기도 한다. 세상을 하직해야 한다는 절체절명에서 버림받은 내가 있다는 깨우침은 죄가 죄를 낳는 새벽이나 다름없다.

지상에서 구한 욕망보다 하늘의 묵계가 절대적이므로 지상에서 익고, 세월에 썩어서 흔적 없는 사과가 되겠다는 시적 표현은 지상의 율법보다 양심의 두려움이 빛나는 과정이 된다.

그러므로 나를 측은지심으로 감싸준 사람들을 기억하는 한, 다시 없을 유성으로 사라진다 한들 허공에 한 획을 긋는 순간, 그동안 눈빛 그윽했던 나는 투명한 강물에 비친 황금빛 절벽이 된다는 관념은 물질이 아닌 가상이므로 공기와 닮아서 사색의 증폭에도 무한 허공을 떠돌게 된다.

바다와 중용中庸

지구 표면은 잘 구워진 석탄
화산으로 터져 불길로 치솟아도
용암이 탑을 이루지 못하는 것은
바다는 물로 채운 허공이므로
차곡차곡 밑바닥부터 다지라는
만유인력의 중력에서 구한 실체
무한 허공이
우주 열기를 보관하는 공간이라면
무량 바다는
지구의 물을 간직하는 달의 별장
수평선에서 멀어질수록
배가 보이지 않는 현상이나
연잎에 맺힌 이슬이 둥근 것은
지구 또한 둥글기 때문이고
바다가 중용의 의미를 지니고
넘치거나 모자라지 아니하여
항상 평상심으로 존재하는 것은
봄 안개, 여름구름, 가을 비,
겨울 눈보라로 순환하기 때문이다.

우주의 대폭발 빅뱅 이론에 따르면 우주는 고밀도의 매우 압축된 원시상태에서 밀도와 온도가 급속히 팽창한 결과로 양성자 붕괴를 일으키는 어떤 과정에서 물질이 반물질反物質로 구분 지어졌다.

약 100만 년이란 세월이 흘러 우주가 식어가면서 특정 원자핵이 생성되었고, 화산 작용에 의해서 암석 속에 갇혀 존재하던 휘발성 물질이 방출되면서 대기를 형성하고 화산가스로 인한 수증기는 식으면서 비가 되어 지표로 떨어져 바다를 구성하게 되었다. 오늘날 바다를 구성하는 성분은 화산작용으로 방출된 물, 아황산가스 등 여러 휘발성 물질이 지각의 암석을 녹여낸 것들이 축적된 것이다.

바다는 지구 표면적의 71% 정도를 차지하고 있으며 암석에 내장되었던 소금이 바닷물에 녹아있는데 1kg당 35g 정도 들어있어 비중이 1.03정도이다.

초기 대기를 구성하는 요소로 이산화탄소와 질소가스, 수소가스는 대부분이 대기의 주요성분을 이루었지만 지구에 생명체가 출현하면서 생성작용이 이루어지는 과정에서 이산화탄소와 수소는 급격히 줄어드는 대신 산소가 축적되어 오늘날의 성분을 지닌 대기로 변했다.

지구를 형성하던 물질 중에서 얼음형태로 존재하던 물질은 지구 내부에 있다가 화산활동으로 인해 지구 밖으로 나오게 되고 증발하였다가 식게 되자 비로 쏟아져서 바다를 형성했다는 이론이다.

나는 바닷가 태생이다. 파도소리를 자장가로 들으면서 자랐지만 우주과학자가 아니라서 바다의 생성에 대해서는 배워서 구한 지식 정도뿐이다.

관념으로 바라본 바다라서 애매모호하지만 지구 표면은 잘 구워진 석탄일 것이고, 화산으로 터져 물질과 반물질이 불길로 치솟아도 허공이 따로 있는 것은 기체를 보관하는 창고라서 물은 용암과 더불어 지구 표면에 쌓이게 된 거다. 그래서 무한 허공이 우주 열기를 보관하는 공간이라면 무량 바다는 지구의 물을 간직하는 달의 별장으로 윤회하는 유동을 여인의 달거리와 닮았다고 설파했다.

수평선에서 멀어질수록 배가 보이지 않는 현상이나 연잎에 맺힌 이슬이 둥근 것도 지구가 둥글다는 생각에 미치자 바다가 중용의 의미를 지닌다는 깨달음을 구했다. '상주불멸常住不滅'이라는 불법에 따르면 우주의 물질이나 반물질은 불어나거나 사라지지 않고 다만 변하여 자리바꿈만 하는 무와 유의 공존이므로 수평선도 넘치거나 모자라지 아니한다는 결론이다.

수평선 너머 지평선

초판 인쇄　2017년 9월 10일
초판 발행　2017년 9월 15일

지은이　고훈식
발행인　임수홍
디자인　맹신형

발행처　도서출판 국보
주　소　서울 강동구 양재대로 114길 32 2층
전　화　02-476-2757~8　FAX 02-475-2759
카　페　http://cafe.daum.net/lsh19577
E-mail　kbmh11@hanmail.net

값 12,000 원

ISBN 979-11-86487-83-9

· 이 책은 2017년 제주문화예술재단 문예진흥 기금을 받아 제작되었습니다.
· 저자와의 협약에 의해 인지는 생략합니다.
· 이 책의 글은 저작권법에 따라 보호를 받는 저작물이므로 저자와 출판사의 동의 없이는 무단 전재 및 무단 복제를 금합니다.

· 잘못된 책은 바꾸어드립니다.

「이 도서의 국립중앙도서관 출판예정도서목록(CIP)은 서지정보유통지원시스템 홈페이지(http://seoji.nl.go.kr)와 국가자료공동목록시스템(http://www.nl.go.kr/kolisnet)에서 이용하실 수 있습니다.(CIP제어번호: CIP2017023013)」